Iman Attia, Alexander Häusler &
Yasemin Shooman

Antimuslimischer Rassismus am rechten Rand

unrast transparent
rechter rand

UNRAST

Bibliographische Information der Deutschen Bibliothek:
Die Deutsche Bibliothek verzeichnet diese Publikation in der Deutschen Nationalbibliografie; detaillierte bibliographische Daten sind im Internet über http:// dnb.ddb.de abrufbar.

Iman Attia, Alexander Häusler & Yasemin Shooman
Antimuslimischer Rassismus am rechten Rand

unrast transparent
rechter rand
Band 14

2. korr. Auflage, Dezember 2014
ISBN 978-3-89771-128-0

Postfach 8020, 48043 Münster – Tel. (0251) 66 62 93
info@unrast-verlag.de – www.unrast-verlag.de
Mitglied in der assoziation Linker Verlage (aLiVe)
Umschlag: Unrast Verlag
Satz: Unrast Verlag
Druck: Interpress

Inhalt

Einleitung

»Heimat statt Islam«, »Maria statt Scharia« – mit solchen sowie ähnlich lautenden Slogans ist die neonazistische NPD in Wahlkämpfen in Erscheinung getreten. »Abendland in Christenhand« lautete wiederum eine Wahlkampfparole der extrem rechten Wählervereinigung PRO NRW. Die extreme Rechte versucht, mit rassistischen Kulturkampfparolen über ihr Stammklientel hinaus an Zustimmung zu gewinnen. Nicht ohne Grund: In Europa gilt der antimuslimische Rassismus als ›politischer Erfolgsgarant‹. Viele europäische Rechtsaußenparteien haben sich in ihrer rassistischen Programmatik auf das ›Feindbild Muslim‹ bzw. ›Feindbild Islam‹ fokussiert und konnten dadurch gesellschaftlich weit verbreitete Ressentiments gegenüber Muslim_innen in Wähler_innenzustimmung ummünzen. Zugleich findet der antimuslimische Rassismus im World Wide Web massive virtuelle Verbreitung. Webseiten wie *Politically Incorrect* dienen dabei als Informations- und Netzwerkzentrale für das heterogene Milieu antimuslimischer Initiativen und Aktivist_innen.

Zwar wird der antimuslimische Rassismus als Islamfeindlichkeit im politischen Rechtsaußenspektrum mittlerweile seitens deutscher Politik und Sicherheitsbehörden als Gefahr benannt. Sein gesellschaftlicher Resonanzboden hingegen bleibt weitgehend unbeleuchtet. Dies kommt nicht von ungefähr, denn der öffentliche Diskurs über Islam und Muslim_innen zeichnet ein überwiegend negatives Bild von ihnen: Muslim_innen stehen im Verdacht, von Grund auf sexistisch, antisemitisch, homophob, kriminell, gewalttätig oder potenzielle Terrorist_innen zu sein. Ihre Religion und Kultur sei mit der hier heimischen nicht vereinbar, ›sie‹ überfremdeten ›uns‹ durch Einwanderung und versuchten, durch Terroranschläge und Kriege die Welt zu beherrschen. In diesen Diskursen spielt es keine nennenswerte Rolle, *wie* religiös die als Muslim_innen Markierten tatsächlich sind, *falls* sie überhaupt Muslim_innen sind und nicht lediglich aufgrund ihres Namens oder Aussehens oder des Herkunftslandes (ihrer Groß-/Eltern) als solche wahrgenommen werden. Und es spielt keine Rolle, *ob* ihr Verhalten und ihre soziale Praxis mit ihrer (vermeintlichen) Religion bzw. Religiosität zusammenhängen.

In diesen Zuschreibungen wird unhinterfragt vorausgesetzt, dass Aussehen und Namen auf eine bestimmte Herkunft verweisen und dass die Herkunft (der Groß-/ Eltern) das kulturelle und soziale Leben und damit auch das Verhalten über die Generationen hinweg bestimme. Die nationale Herkunft wird als kulturelle gedeutet, Kultur und Religion bedingten sich gegenseitig, so die Argumentation. Es wird also ein Zusammenhang zwischen Physiognomie, Nation, Ethnie, Kultur und Religion hergestellt, die als zentrale Bezugspunkte für die Deutung sozialer Praktiken dienen. Diese Assoziations- und Argumentationskette verläuft gradlinig und allumfassend. Religion, Kultur, Ethnie und Nation gehen darin ineinander über, werden zur unabänderlichen Natur und funktionieren in ihrer statischen Abgeschlossenheit und Determiniertheit wie das Konzept der ›Rasse‹.

Die tatsächliche oder vermeintliche Religionszugehörigkeit von als Muslim_innen Markierten wird in direkten Begründungen oder assoziativen Anspielungen als Grund für Verhaltensweisen und soziale Praktiken angeführt und kritisiert. Diese erscheinen dann als rückständig, archaisch und brutal – im Unterschied zu ›uns‹, die fortschrittlich, vernünftig, emanzipiert und frei seien. In rechtspopulistischen und rechtsradikalen Zusammenhängen werden derartige Argumentationen deutlich zugespitzt und den als Muslim_innen Markierten ein Existenzrecht (in Deutschland oder Europa oder insgesamt) abgesprochen. In anderen Kontexten wird zwar nicht grundsätzlich die Vertreibung von als Muslim_innen Markierten gefordert, wohl aber ihre Erziehung und Zivilisierung nach christlich-westeuropäischem Vorbild, das die Menschenrechte achte und modern sei. Auch Mitleidsbekundungen, Hilfsangebote und Bildungsmaßnahmen knüpfen an diesem allgemeinen vermeintlichen ›Wissen‹ über das ›Problem Islam‹ an.

Gleichzeitig wird seit einigen Jahren eine zunehmende Diskriminierung von als Muslim_innen Markierten festgestellt. Es werden Studien in Auftrag gegeben, die das Ausmaß der

Diskriminierung verschiedener Gruppen, auch jener von Muslim_innen, erheben sollen. Rechtspopulistische Parolen und Volksabstimmungen, die Islam und Muslim_innen verunglimpfen und Letztere in ihren Rechten einschränken wollen, werden kontrovers diskutiert. Allzu pauschale und undifferenzierte Äußerungen sowie hasserfüllte und gewalttätige Aktionen gehen allerdings selbst jenen zu weit, die Erziehungs- und Zivilisierungsmaßnahmen fordern. Muslim_innen, so heißt es, seien als Menschen zu tolerieren, auch wenn sie als Angehörige einer ›uns‹ fremden Religion und Kultur eigentlich nicht hierher gehörten. Wenn sie schon bei ›uns‹ leben wollten, müssten sie sich wenigstens anpassen.

Verfolgt man den öffentlichen Diskurs, so scheint klar zu sein, dass es ein Problem mit ›dem Islam‹ gibt. Wie wird diese Problematisierung aber hergestellt und begründet? Und welche Folgen hat dies für Menschen, die als Muslim_innen wahrgenommen werden? Von wem gehen antimuslimische Äußerungen und Aktionen aus? Wie hängen die Argumentationen in unterschiedlichen politischen, sozialen und gesellschaftlichen Positionen und Kontexten zusammen? Was haben ewig gestrige Rechte, nationale Deutsche, traditionsbewusste Christ_innen und auf Wahlerfolge zielende Populist_innen mit wohlmeinenden, emanzipatorischen oder freiheitlichen Kritiken und Aktionen zu tun?

Das vorliegende Buch gibt einen Überblick über offen antimuslimische und antiislamische Argumentationen und zeigt beispielhaft, wie in Internetforen, Bürgerbewegungen und rechtspopulistischen Parteien gegen Islam, Muslim_innen und als Muslim_innen Markierten gehetzt und zu Maßnahmen gegen sie aufgerufen wird. Diese Äußerungen und Aktionen sind vielfach mit dem verwoben, was als vermeintliches ›Wissen‹ über Islam und Muslim_innen gilt und in den verschiedensten politischen, gesellschaftlichen und sozialen Kontexten kursiert, wenn auch in unterschiedlicher Ausprägung.

Der vorliegende Band zeigt, dass antimuslimischer Rassismus zwar durchaus unterschiedliche Facetten annehmen kann, dass die Grenzen zwischen Rand und Mitte, rechts und links im antimuslimischen Rassismus durchlässig sind. Antimuslimischer Rassismus am rechten Rand hat eine spezifische Ausprägung, ist aber eingebettet in Alltagsrassismus und verschiedene gesellschaftliche Diskurse. Er ist verbunden mit allgemeinem ›Wissen‹ und alltäglichem Reden über ›Muslim_innen‹ und ›Islam‹. Antimuslimischer Rassismus wird zu einer sozialen Praxis, die Menschen, die als Muslim_innen markiert sind, an der gleichberechtigten Teilhabe an Gesellschaft hindert, ihre Ressourcen blockiert und ihnen signalisiert, dass sie fremd und unerwünscht seien. Auch wenn er sich dort besonders drastisch artikuliert, so ist antimuslimischer Rassismus kein Phänomen des rechten Rands, sondern befindet sich in ›bester Gesellschaft‹.

Iman Attia

Antimuslimischer Rassismus in bester Gesellschaft

Ausmaß antimuslimischer Diskurse

Cihad ist ein Jugendlicher mit einer Zahnspange. 2012 wollte er bei der Urlaubsvertretung seiner Kiefernorthopädin einen Termin wahrnehmen. Sie lehnte seine Behandlung ab mit der Begründung, dass sein Name ›Heiliger Krieg‹ bedeute und dies eine Kriegserklärung darstelle. Die Landesärztekammer nahm die Ärztin in Schutz und behauptete, dass sie nicht verpflichtet gewesen sei, den Jugendlichen zu behandeln, da er nicht unter akuten Schmerzen gelitten habe. Die Kassenärztliche Vereinigung dagegen ermahnte die Ärztin, sie sei als Vertragsärztin verpflichtet, versicherte Personen zu behandeln.

Fereshta Ludin ist Lehrerin und trägt Kopftuch. Als sie als Beamtin in den Schuldienst eintreten wollte, wurde ihr dies aufgrund ihres Kopftuchs verwehrt: Es sei als Ausdruck kultureller Abgrenzung nicht nur ein religiöses Symbol, sondern darüber hinaus auch ein politisches. Sie klagte, ging durch alle Instanzen und wurde schließlich auch in letzter Instanz abgewiesen. Daraufhin erhob sie Verfassungsbeschwerde. 2003 wurde entschieden, dass sie nicht wegen ihres Kopftuchs aus dem Schuldienst ausgeschlossen werden könne, da es hierfür keine gesetzliche Grundlage gäbe. Aufgrund dessen erließ die Hälfte der Bundesländer ›Neutralitätsgesetze‹. Darin wird das Zeigen religiöser Symbole geregelt, wobei vier Bundesländer erhebliche Unterschiede zwischen christlichen und anderen Symbolen machen. Im Fall Ludin wurde zunächst nicht die Neutralität des Staates verhandelt, sondern die Frage, ob das Kopftuch ein Symbol für die Unterdrückung von Frauen und deswegen mit dem Grundgesetz nicht vereinbar und zu verbieten sei.

Am 1.7.2009 wurde Marwa el-Sherbini im Dresdener Landgericht während einer Gerichtsverhandlung erstochen. Ihr Mörder hatte sie zuvor auf einem Spielplatz als ›Islamistin‹ und ›Terroristin‹ beschimpft, weil er sie aufgrund ihres Kopftuchs als Muslimin identifizierte. Die Beschimpfungen waren derart aggressiv, dass sich Zeug_innen einmischten und die Polizei riefen. Die antimuslimischen Äußerungen wurden aktenkundig, es kam zu einem Strafverfahren, das mit der Verurteilung des Aggressors endete. Der Verurteilte legte Berufung ein und teilte dem Gericht gegenüber schriftlich mit, was er von Muslim_innen halte und dass er nervös werde, wenn er Muslim_innen in seiner Nähe dulden müsse. Es gab dennoch keine besonderen Sicherheitsvorkehrungen, als Marwa el-Sherbini ihrem späteren Mörder als Zeugin vor dem Berufungsgericht begegnete, wo er sie tötete. In der ersten Woche nach dem Mord wurde der Fall in der Öffentlichkeit zunächst als ›tragischer Gerichtsmord‹ bewertet, dem ein ›banaler‹ Anlass, ›keine große Sache‹ zugrunde gelegen habe, es seien ›böse Worte gefallen‹. Der antimuslimische Hintergrund, auf den sich der Mörder ausdrücklich bezog, blieb unerwähnt. Auch nach internationalen Protesten, insbesondere von Muslim_innen, und nach Bekanntwerden der näheren Umstände wurde das antimuslimische Motiv zwar diskutiert, aber nicht in seiner Tragweite und seiner gesellschaftlichen Einbettung ernst genommen. Stattdessen wurde über Ausländer- und Fremdenfeindlichkeit, über Rechtsextremismus sowie über die soziale und nationale Herkunft des Täters und eine mögliche psychische Störung als maßgebliche Bezugspunkte für die Tat spekuliert.

Jedes dieser Beispiele ist einmalig und sie waren unterschiedlich folgenschwer, dennoch stellen sie keine Ausnahmen dar. Zwei groß angelegte Untersuchungen, die nach Diskriminierungserfahrungen in Europa fragen, stellen fest, dass Muslim_innen in den Bereichen Bildung, Arbeiten und Wohnen diskriminiert werden, dass sie unter rechtlicher Ungleichbehandlung leiden, in den Medien stereotyp dargestellt werden und rassistisch motivierte Gewalt- und Straftaten erleben[1]. Die Diskriminierungs-,

1 Amnesty International: *Choice and prejudice. Discrimination against Muslims in Europe*, London 2012, deutsche Kurzfassung:

Marginalisierungs- und Exklusionserfahrungen werden darauf zurückgeführt, dass die Befragten sich als Muslim_innen, Fremde und Ausländer_innen wahrgenommen fühlten. Die Studien weisen darauf hin, dass Muslim_innen keine einheitliche Gruppe darstellen und die Diskriminierung als Muslim_innen nicht nur bekennende, gläubige Personen betrifft.

Die Daten aus den Studien und die spektakulären Einzelfälle zeigen, welche Folgen das vermeintliche ›Wissen‹ über Islam, Muslim_innen und als Muslim_innen Markierte hat: ihnen wird gleichberechtigter Zugang zu wichtigen gesellschaftlichen Gütern wie Bildung, Arbeit, Wohnung, medizinischer Versorgung und anderen Dienstleistungen verwehrt oder erschwert. Der Zusammenhang zwischen sozialer, ethnischer und religiöser Zugehörigkeit auf der einen Seite und Bildungsbenachteiligung, Arbeitslosigkeit, Armut und Kriminalisierung auf der anderen wird jedoch selten als Diskriminierung gedeutet. Vielmehr werden Gründe für schlechtere Schulabschlüsse, weniger qualifizierte Arbeitsplätze, Arbeitslosigkeit (insbesondere von Frauen), beengte und segregierte Wohnverhältnisse usw. in der Religion und Kultur ›der Anderen‹ gesucht. Selbst nach offen antimuslimisch begründeter Gewalt wird über die Religion und Kultur der Opfer diskutiert. Es wird nach ihrer Mit-/Schuld gesucht, man wirft ihnen ›Integrationsverweigerung‹ vor, die religiös-kulturelle Differenz wird als Ursache identifiziert. Rassismus gegen Muslim_innen und Menschen, die als solche wahrgenommen werden, bleibt dagegen wenig beachtet.

Selbstbestimmung statt Vorurteile. Diskriminierung von Musliminnen und Muslimen in Europa. URL: http://www.interkultureller-rat.de/wp-content/uploads/AI-kurzfassung-selbstbestimmung-statt-vorurteile-.-april-20121.pdf sowie: Agentur der Europäischen Union für Grundrechte: *Muslime in der europäischen Union. Diskriminierung und Islamphobie*, Wien 2006. URL: http://fra.europa.eu/sites/default/files/fra_uploads/156-Manifestations_DE.pdf. Eine Studie des Open Society Institute: *Muslime in Berlin*, London 2010, http://ec.europa.eu/ewsi/UDRW/images/docl_13784_749773364.pdf bestätigt dies selbst für Berlin-Kreuzberg. Alle Webseiten wurden zuletzt aufgerufen am 20.7.2014.

Im Fall ›Marwa el-Sherbini‹ wurde zunächst der antimuslimische Hintergrund des Mordes vernachlässigt, später der Täter (fälschlicherweise) im rechtsextremen Milieu verortet. Diskussionsbeiträge zu Verbindungen zwischen seiner Argumentation und allgemeinen gesellschaftlichen Diskursen über Islam und Muslim_innen wurden zurückgewiesen. Die Getötete wurde als besonders integriert, freundlich, gebildet und selbstbewusst beschrieben. Es wurde auch darauf hingewiesen, dass die Familie geplant hatte, nach der Promotion des Mannes das Land wieder zu verlassen. Marwa el-Sherbini bot – der Argumentation folgend – keinen Grund für Gewalt. Obwohl gut gemeint, irritiert diese Darstellung: sie sucht nach Gründen für die Tat in Persönlichkeit und sozialem Verhalten des Opfers und bedient sich dabei gängiger Islam- und Integrationsdiskurse. Der Mörder wird als desintegrierter Gesetzesbrecher dargestellt: Er wird als arbeitslos und abweisend beschrieben, zudem habe er dem Gericht nicht den gebührenden Respekt gezollt. Das antimuslimische Motiv rückte in öffentlichen Debatten in den Hintergrund.

Das ›Ludin-Urteil‹ hatte zur Folge, dass acht Bundesländer Gesetze erließen, um zu regeln, wie künftig mit Kopftüchern und anderen religiösen Symbolen im Staatsdienst umzugehen sei. Die ursprüngliche Argumentation, wonach das Kopftuch ein Symbol für kulturelle Segregation und Frauenunterdrückung sei, wurde zugunsten einer Debatte über die Neutralität des Staates in religiösen Dingen verschoben. Im Unterschied zu Frankreich und der Türkei ist Deutschland kein laizistischer Staat. Der Laizismus sieht die vollständige Trennung von Staat und Religion vor. In weltanschaulichen Fragen und staatlichen Institutionen ist die religiöse Enthaltsamkeit Pflicht. Säkulare Staaten wie die BRD hingegen schützen nicht *vor* der Religion, sondern sie schützen *die* Religionsfreiheit, es geht hier also um religiöse Toleranz. In Folge des ›Kopftuchstreits‹ haben Bayern, Baden-Württemberg, Nordrhein-Westfalen und Hessen Gesetze verabschiedet, die zwar religiöse Symbole verbieten, christliche davon aber ausnehmen. Begründet wird dies damit, dass der Staat und insbesondere staatliche Schulen den Auftrag hätten, die christlich-abendländische Tradition zu vertreten. Diese ›Neutralitätsgesetze‹ stellen sich als Gesetze dar, die Muslim_innen (und andere Gläubige) unmittelbar benachteiligen – entweder in der Ausübung ihrer Religion oder ihres Berufes. Aber auch Bundesländer wie Berlin, die das Neutralitätsgesetz auf alle Religionen beziehen, benachteiligen Muslime und insbesondere Muslim*innen* im Vergleich zu anderen Gläubigen mittelbar, und zwar aufgrund ihrer Religion, ihrer ethnischen Herkunft und ihres Geschlechts, so eine Expertise, die von der Berliner Antidiskriminierungsstelle in Auftrag gegeben wurde[2]. Ohne dies ausdrücklich auszusprechen, stellt das Neutralitätsgesetz ein Kopftuchverbot bzw. ein Berufsverbot für Kopftuch tragende Musliminnen dar. Berufliche Benachteiligung und Segregation gehen demnach nicht vom Kopftuch aus, sondern von den Neutralitätsgesetzen.

Im Fall ›Cihad‹ verschob sich die Diskussion von einer antimuslimischen Argumentation und Handlungsweise hin zu einer formalen Auseinandersetzung über Rechte und Pflichten von Ärzt_innen. Der Fall geriet kurzfristig in die öffentliche Aufmerksamkeit, verhallte aber sofort wieder, nachdem sich die Ärztin entschuldigt hatte.

In allen drei Fällen gerieten die antimuslimischen Argumentationen und ihre Folgen aus dem Blick, und zwar sowohl konkret als auch grundsätzlich: Über das gesellschaftliche Klima und das vermeintliche ›Wissen‹ über Islam und Muslim_innen, das derartige Fälle hervorbringt und mit dem (als) Muslim_innen (Markierte) in ihrem täglichen Leben konfrontiert sind, wurde nicht reflektiert.

Die Diskriminierungserfahrungen von (als) Muslim_innen (Markierten) werden durch Umfrageergebnisse in Einstellungsuntersuchungen gegenüber Muslim_innen bestätigt. Eine Studie zu *Gruppenbezogener Menschenfeindlichkeit* erhob regelmäßig Daten, unter anderem zu ›Islamfeindlichkeit‹[3]. Demnach ist die

2 Baer, Susanne/Wiese, Kirsten: *Ist das Berliner Neutralitätsgesetz mit dem Allgemeinen Gleichbehandlungsgesetz vereinbar? Expertise im Auftrag der Landesstelle für Gleichbehandlung – gegen Diskriminierung in Berlin*, Berlin 2009, http://www.berlin.de/imperia/md/content/lb_ads/materialien/diskriminierung/06_lb_ads_neutrg_agg_bf_50_neu.pdf.

3 Heitmeyer, Wilhelm (Hrsg.): *Deutsche Zustände. Folge 10*, Berlin 2012.

Zustimmung zu negativen Äußerungen hoch und wird gesellschaftlich breit geteilt. Eine Untersuchung unter Studierenden bestätigt, dass auch sie antimuslimische Äußerungen weitgehend teilen und sich darin nicht vom Rest der Bevölkerung unterscheiden[4]. Einstellungsuntersuchungen zufolge lehnen – je nach Fragenkatalog und Auswertungsmethode – die Hälfte bis vier Fünftel der Bundesbürger_innen Muslim_innen ab, äußern sich ihnen gegenüber feindselig und gehen auf Distanz zu ihnen. Nicht erfasst werden dabei Positionen, die wohlmeinend oder mitleidig argumentieren und auf die Erziehung, Zivilisierung oder Disziplinierung von als Muslim_innen Markierten zielen[5]. Die verschiedenen Positionen sind im Alltag anzutreffen und beziehen sich auf gesellschaftlich geteiltes ›Wissen‹ über Islam und Muslim_innen. Es wird als Begründung für Probleme mit Muslim_innen angeführt und stiftet Konsens und Gemeinschaft zwischen ›uns‹ in Abgrenzung zu ›ihnen‹.

Antimuslimische Argumentationsweisen

Gespräche über ›den Islam‹ handeln von Problemen: Probleme, die als Muslim_innen Markierte machen – ›sich‹ und ›uns‹ – oder Probleme, die als Muslim_innen Markierte haben – mit ›sich‹ und mit ›uns‹. Sowohl die Probleme, um die es geht, als auch die Zusammenhänge, in die die Probleme gestellt werden, verweisen auf weit verbreitete Deutungen des Zusammenhangs von Religion, Kultur, Nation und Gesellschaft. Sie gipfeln in der These: »Der Islam gehört nicht zu Deutschland«.

---

4 Die Studie ist noch nicht veröffentlicht, die Angaben beruhen auf der Vorstellung der Ergebnisse durch die Forscher_innen Wassilis Kassis und Charlotte Schallié in der Akademie des Jüdischen Museums Berlin am 20.02.2014.

5 Vgl. etwa zur Anti-Gewalt-Debatte: Erdem, Esra: *In der Falle einer Politik des Ressentiments. Feminismus und die Integrationsdebatte.* In: Sabine Hess/Jana Binder/Johannes Moser (Hrsg.): *no integration?!,* Bielefeld 2009, 187-202 oder zur Beschneidungsdebatte: Çetin, Zülfukar/Voß, Heinz-Jürgen/Wolter, Salih Alexander: *Interventionen gegen die deutsche ›Beschneidungsdebatte‹*, Münster 2012.

»Der Islam gehört nicht zu Deutschland«

Diese Aussage wurde in Politik, Medien und Öffentlichkeit kontrovers diskutiert. Sie wurde ausgelöst durch die entgegengesetzte Äußerung des damaligen Bundespräsidenten Christian Wulf im Jahr 2010. Während sich seine Partei, die CDU, darauf zu einigen schien, dass zwar Muslim_innen, nicht aber der Islam zu Deutschland gehörten, nahmen rechte Gruppierungen die Debatte zum Anlass, nicht nur die Bedeutung des Islams für die Entwicklung Europas, des Abendlandes und der Aufklärung infrage zu stellen (wie dies auch in breiten Teilen der übrigen Gesellschaft geschah), sondern darüber hinaus die grundsätzliche Daseinsberechtigung von Muslim_innen in Europa. »Gute Heimreise« titelt etwa eine Wahlwerbung der NPD, auf der Kopftuch tragende Frauen von hinten zu sehen sind, mit Tüten bepackt und von Kindern umgeben – ganz dem Klischee entsprechend.

Mit der Kurzformel »Der Islam gehört nicht zu Deutschland« wird eine grundsätzliche religiöse und kulturelle Differenz diskutiert, die zwischen Islam und Muslim_innen auf der einen Seite und Christentum bzw. Westen und Europäer_innen auf der anderen Seite bestehe. Die Differenz habe zur Folge, dass ein Zusammentreffen beider Seiten Probleme erzeuge. Diese These, die prominent von Samuel Huntington in *Kampf der Kulturen* vertreten wurde, klingt an in politischen Reden über die ›christliche Leitkultur‹ und die ›westliche Aufklärung‹, die in Gegensatz gebracht werden zu Islam, als Muslim_innen Markierte und ihre (vermeintlichen) Lebensweisen. Die Jahrhunderte lange gemeinsame Entwicklung und gegenseitige Beeinflussung des christlichen Abendlandes und muslimischen Orients wird dabei ignoriert. Unterschlagen wird ebenso, dass diese Entwicklungen nicht nur positive, sondern auch negative Effekte hatten: Moderne und Aufklärung werden nicht nur als europäisch-westliche vereinnahmt, sondern in der Entgegensetzung von fortschrittlicher Moderne und rückständigem Islam positiv konnotiert. Moderne und Aufklärung sind jedoch eng verwoben mit Sklaverei, Kolonialismus und Judenverfolgung. Christentum wird mit Nächstenliebe gleichgesetzt und dabei die Verfolgung Anders- oder Nichtgläubiger und die gewaltsame

Missionierung verdrängt. Vernachlässigt wird auch, dass die intellektuellen, spirituellen, kulturellen und sozialen Lebens- und Denkweisen innerhalb einer Gesellschaft nirgendwo einheitlich oder auf eine ›Leitkultur‹ zu reduzieren sind. Mit der Formel »Der Islam gehört nicht zu Deutschland« wird aber ›das Eigene‹ präsentiert als etwas, das einheitlich, in sich geschlossen und fortschrittlicher sei als ›der Islam‹ und ›Muslim_innen‹, die fremd und rückständig seien. ›Sie‹ müssten lernen, ›unsere Kultur‹ und ›unsere‹ Errungenschaften zu respektieren, vor ihnen müssten ›wir‹ ›unsere Kultur‹ verteidigen.

Der Bundessprecher der *Alternative für Deutschland*, Bernd Lucke, legte in einem Mitgliederrundschreiben zum Reformationstag 2013 ein Thesenpapier vor[6]. Darin beschreibt er Deutschland als »tolerantes und weltoffenes Land«, zu dem »die Freiheit des Glaubens, die Freiheit des religiösen Bekenntnisses und das Recht der ungestörten Religionsausübung« sowie »die Gleichberechtigung der Frau« und ähnliches gehörten. Diese werden in den einzelnen Thesen als in Deutschland verankerte Errungenschaften dargestellt. Sie werden von »islamischen Staaten«, »islamischen Glaubenslehren« und »umstrittenen religiösen Praktiken« abgesetzt. Muslim_innen werden aufgefordert, das, was hier üblich sei, zu akzeptieren und sich daran zu halten. Das Papier argumentiert auf der Basis von Kulturkreisen, die jeweils in sich geschlossen und voneinander zu unterscheiden seien, wobei der eigene als fortschrittlicher dargestellt wird. Die verschiedenen Kulturen werden religiös begründet, ihnen werden aufgrund dessen eigene »Wertvorstellungen« und »Lebenseinstellungen« zugewiesen. Die letzte These Luckes fasst zusammen: »Deutschland ist ein säkularer Staat mit einer tief verwurzelten christlichen Prägung.« Als Erwiderung auf die These »Der Islam gehört zu Deutschland« schreibt er:

> »Wenn der Satz ›Der Islam gehört zu Deutschland‹ nur die faktische Existenz des Islam[s] in Deutschland feststellen sollte, ist er überflüssig, weil der Sachverhalt offenkundig ist. Wenn er die Toleranz und Weltoffenheit Deutschlands betonen sollte, ist unver-

6 http://www.pi-news.net/2013/11/10-thesen-von-afd-chef-bernd-lucke-zum-islam.

ständlich, warum er die vielen anderen in Deutschland praktizierten Religionen nicht erwähnt. Wenn er aber als eine implizite Bejahung des Islams in Deutschland gemeint ist, ist er falsch und töricht, weil er sich pauschal und undifferenziert zu einem komplexen Phänomen äußert, das viele unterschiedliche Strömungen und Aspekte umfasst. Was zu Deutschland gehört, muss präzise benannt werden und sollte von Deutschland her gedacht werden.«[7]

Die Differenzierung bleibt er jedoch ebenso schuldig wie eine differenzierte Auseinandersetzung mit dem, was vermeintlich ›zu Deutschland gehört‹. Das konstruierte Gegenbild Islam findet sich auch in alltäglichen Diskursen über die Fremdheit von Islam und Muslim_innen. Darin wird angenommen, dass Äußerungen und Handlungen von als Muslim_innen Markierten auf ›ihre Kultur‹ und ›den Islam‹ zurückzuführen seien. Das führe dazu, dass sie sich von ›uns‹ unterschieden. Indem Religion, Kultur und Nation zusammengedacht werden, fällt es schwer, verschiedene Religionen und Kulturen als Teile einer Nation zu denken, deutsche Muslim_innen oder muslimische Deutsche kommen in solchen Argumentationen nicht vor.

Im Thesenpapier des AfD-Sprechers wird aufgezeigt, welche Probleme entstehen bzw. vermieden werden müssten, wenn Muslim_innen in Deutschland leben. Dieser Blick auf das Zusammenleben von ›Deutschen‹ und ›Muslim_innen‹ ist weit verbreitet. Der Argumentation zufolge werden Probleme, die Muslim_innen hätten, als Folge der religiös begründeten kulturellen Differenz zwischen ›der islamischen Kultur‹ und ›uns‹ gedeutet sowie als Folge der Defizite, die als Muslim_innen Markierte aufgrund ihrer (vermeintlichen) Religions- und Kulturzugehörigkeit hätten. Die Probleme von ›Muslim_innen‹ führten dazu, dass auch ›wir‹ Probleme mit ihnen bekämen, da sie sich nicht integrieren könnten und wollten (s. auch zur AfD die Ausführungen von Alexander Häusler in diesem Band). Prominent und öffentlichkeitswirksam wird diese These von Thilo Sarrazin vertreten, ehemaliger SPD-Politiker, Berliner Finanzsenator und Vorstand der Bundesbank. In einem auszugsweisen Vorabdruck

7 Ebd.

seines Buches *Deutschland schafft sich ab* im Nachrichtenmagazin *Der Spiegel* ist zu lesen:

> »In jedem Land Europas kosten die muslimischen Migranten aufgrund ihrer niedrigen Erwerbsbeteiligung und hohen Inanspruchnahme von Sozialleistungen die Staatskasse mehr, als sie an wirtschaftlichem Mehrwert einbringen. Kulturell und zivilisatorisch bedeuten die Gesellschaftsbilder und Wertvorstellungen, die sie vertreten, einen Rückschritt. Demografisch stellt die enorme Fruchtbarkeit der muslimischen Migranten eine Bedrohung für das kulturelle und zivilisatorische Gleichgewicht im alternden Europa dar.«[8]

Arbeitslosigkeit und Armut werden dieser Argumentation zufolge assoziativ mit Kultur und Religion ins Verhältnis gesetzt. Durch die Kulturalisierung und Muslimisierung werden gesellschaftliche Probleme entpolitisiert und aus dem eigenen Verantwortungsbereich ausgelagert. Mögliche gesellschaftspolitische Versäumnisse werden dethematisiert: Die geringe Anerkennung ausländischer Bildungs- und Berufsabschlüsse, Arbeitsverbote und nachrangige Beschäftigung von Migrant_innen, Kopftuchverbot in Teilen des öffentlichen Dienstes und seine Auswirkungen auf die Privatwirtschaft, Diskriminierung im Bildungsbereich und auf dem Arbeitsmarkt, Perspektivlosigkeit aufgrund von prekärem Aufenthaltsstatus – um nur einige mögliche Ursachen für Arbeitslosigkeit und Armut anzudeuten, die als Muslim_innen Markierte oft zusätzlich zu anderen Faktoren betreffen – sind dann keine Themen mehr, die zu bearbeiten wären. Der Fokus liegt auf der Religion und Kultur der als anders, weil muslimisch Markierten. Diese Variante der These »Der Islam gehört nicht zu Deutschland« identifiziert die Ursachen tatsächlicher oder vermeintlicher Probleme von Bürger_innen als muslimische und lagert sie damit aus Deutschland aus.

Pro Deutschland benutzte Sarrazins Thesen in ihrer Wahlwerbung 2011, Sarrazin klagte dagegen und bekam Recht, der Konflikt wurde auf *Politically Incorrect* (PI) kommentiert (s. zu PI die Ausführungen von Yasemin Shooman in diesem Band).

---

8 Sarrazin, Thilo: *Was tun?* In: *Der Spiegel* 34 (2010), 137f., http://www.spiegel.de/spiegel/a-714082.html.

Sarrazins Thesen stießen auch in der breiten Öffentlichkeit auf reges, meist zustimmendes Interesse. Begründet wird dies vielfach damit, dass sie von einer angesehenen, öffentlichen Persönlichkeit vorgebracht und mit Daten belegt seien. Unter Leitung der Politikwissenschaftlerin Naika Foroutan wurden jene Daten überprüft, die sich auf Muslim_innen beziehen[9]. Die Daten selbst waren in weiten Teilen fehlerhaft, ihre Interpretation irreführend. Die Studie stellt Sarrazins Zahlen Quellenmaterial seriöser Forschungseinrichtungen gegenüber. Diese erheben regelmäßig Daten, die die Integrationserfolge von Eingewanderten (auch solchen, die als Muslim_innen wahrgenommen werden) trotz Barrieren im Alltag belegen. Entsprechende Studien gehen in politischen und öffentlichen Debatten unter. Stattdessen wird das dominierende Bild von ›desintegrierten‹ und Probleme verursachenden ›muslimischen Migrant_innen‹ durch Alltags-, Medien- und politische Diskurse bestätigt.

Diese schöpfen u.a. aus Studien, die soziale Praktiken durch (vermeintliche) religiöse Zugehörigkeit zu begründen versuchen – ohne sie jedoch zuvor erhoben zu haben. In einer Studie zum Verhältnis von Religiosität und Homosexualität, die 2009 in der *Politischen Akademie* der *Friedrich Ebert Stiftung* veröffentlicht wurde, heißt es:

> »Im Vordergrund steht der insbesondere in deutschen Großstädten schwelende Konflikt zwischen Schwulen und Lesben auf der einen Seite und Personen mit Migrationshintergrund meist jungen Männern mit muslimischem bzw. türkischem oder arabischem Hintergrund auf der anderen Seite. [...] Der vordergründige Konflikt zwischen der schwullesbischen Community und der (muslimischen) Migranten-Community exemplifiziert auch das konfliktträchtige Aufeinandertreffen von Modernität und Traditionalismus.«[10]

---

9 Foroutan, Naika (Hrsg.): *Sarrazins Thesen auf dem Prüfstand. Ein empirischer Gegenentwurf zu Thilo Sarrazins Thesen zu Muslimen in Deutschland*, http://www.heymat.hu-berlin.de/sarrazin2010.

10 Simon, Bernd: *Respekt für Religiosität und Homosexualität oder Zumutungen der pluralen Gesellschaft*. In: *Politische Akademie* 35 FES (2009), http://library.fes.de/pdf-files/akademie/berlin/06937.pdf.

Die Argumentation lagert soziale Probleme aus dem gesellschaftlichen Kontext aus und verschiebt sie auf ›den Islam‹ bzw. ›Muslim_innen‹. Ignoriert werden dabei sowohl unproblematische Umgangsweisen von (als) Muslim_innen (Markierten) mit Homosexualität als auch Homophobie unter nicht-muslimischen Deutschen. Die Akzeptanz verschiedener Sexualitäten in »der (muslimischen) Migranten-Community« und migrantische Kämpfe für deren Anerkennung dort, wo sie nicht (genügend) vorhanden ist, werden missachtet[11]. Homo- und Transphobie scheinen in derartigen Argumentationen keine gesellschaftlichen Probleme (mehr) zu sein, die alle betreffen, sondern kulturelle und religiöse Probleme ›der Anderen‹. Wenn deren »Traditionalismus« verantwortlich ist für Homophobie, wird nicht nur die »(muslimische) Migranten-Community« stereotypisiert und als Ganzes für schuldig befunden, sondern die genannten Probleme werden der gesellschaftlichen Bearbeitung entzogen – schließlich werden sie nicht mehr als solche identifiziert, die »Moderne« scheint Homophobie nicht zu kennen. Auch in der links-alternativen Tageszeitung *taz* wird ähnlich argumentiert:

> »Die westliche, kapitalistische Welt verfolgt Schwule und Lesben kaum noch. [...] zutreffend ist, dass diese Konflikte mitten in der westlichen Welt ihre Fortsetzung finden – nämlich in jenen Vierteln, in denen auch muslimisch geprägte Einwanderergruppen den Alltag in christlich-säkularen Mehrheitsgesellschaften prägen.«[12]

Die Auslagerung von Homophobie aus westlich-kapitalistisch-modernen Gesellschaften und ihre Einordnung in die muslimische entlastet Erstere und stereotypisiert Letztere: Sie entlastet von der historischen Verantwortung für den Export von Heteronormativität, Homo- und Transphobie[13] und sie entlastet von

11 Vgl. hierzu etwa die Vereine GLADT oder LesMigras in Berlin; auch in anderen Städten schließen sich Homo- und Transpersonen of Color zusammen, um gleichzeitig gegen (antimuslimischen) Rassismus und Homo-/Transphobie zu kämpfen.

12 Feddersen, Jan: *Ende wattierter Vorsicht*. In: *taz Magazin* 7387 (19.06.2014), http://www.cultpress.de/alexzinn-dateien/taz_fed_islam.htm.

13 Vgl. Klauda, Georg: *Die Vertreibung aus dem Serail. Europa und die Heteronormalisierung der islamischen Welt*, Hamburg 2008.

der aktuellen Verantwortung, sich für die Anerkennung und Gleichberechtigung verschiedener und fluider Sexualitäten einzusetzen. Die Aussöhnung einiger bislang gesellschaftskritischer schwul-lesbischer Stimmen mit »der westlichen, kapitalistischen Welt« und der »christlich-säkularen Mehrheitsgesellschaft« ist als ›Queer-Imperialismus‹ und ›Homonationalismus‹[14] bezeichnet worden. Sie verschiebt die Grenzziehung zwischen ›uns‹ und ›den Anderen‹ zu ihren Gunsten: Schwule und lesbische Lebensweisen, die als deutsche vereinnahmt werden, werden in das nationale, bürgerliche Eigene einbezogen, während (als) Muslim_innen (Markierte), die dieser Argumentation zufolge nicht nur als genuin homophob, sondern auch als durchgängig heterosexuell imaginiert werden, jenseits der Grenze des Dazugehörigen und Legitimen verortet werden.

»Der Islam gehört nicht zu Deutschland«: Diese These ist als Position in unterschiedlichen gesellschaftlichen Kontexten weit verbreitet. Sie zieht Grenzen zwischen Gruppen, die als solche erst hervorgebracht werden, indem sie immer wieder in unterschiedlichen Kontexten in den beschriebenen Weisen angesprochen und behandelt werden. Auf diese These beziehen sich auch rechte Argumentationen in Internetforen, Bürgerbewegungen und rechtspopulistischen Parteien (s. Yasemin Shooman und Alexander Häusler in diesem Band).

»Guter Moslem, böser Moslem«[15]

Von diesen schematischen Grenzziehungen zwischen ›uns‹ und ›den Anderen‹ distanziert sich eine (vermeintlich) moderate und differenzierte Islamkritik. Auch ihre Vertreter_innen wähnen sich in der Pflicht, Missstände als muslimische zu benennen. Dies geschieht jedoch mit Hinweis darauf, dass Differenzierungen nötig und die Kritik nicht den Islam als solchen bzw. alle Muslim_innen gleichermaßen betreffe. Im Zusammenhang mit

14 Vgl. die Beiträge in Yılmaz-Günay, Koray (Hrsg.): *Karriere eines konstruierten Gegensatzes: zehn Jahre ›Muslime versus Schwule‹*, Münster 2014.

15 Titel eines Buches von Mahmood Mamdani, in dem er die entsprechende Unterscheidung als politische analysiert.

der sogenannten Sarrazindebatte etwa wurde Sarrazins Argumentation von einigen als überzogen bewertet, sein Anliegen aber als berechtigt und die Thematisierung entsprechender Probleme als überfällig bestätigt. So heißt es etwa in einem Kommentar in der *Süddeutschen Zeitung*:

> »Junge männliche Muslime gehören noch in der dritten Generation zu den Bildungsverlierern und flüchten oft in primitive Heilslehren, die sie für den wahren Islam halten. Und die Entwicklung einiger Gegenden der Großstädte lässt befürchten, dass sich eines Tages wie in England oder Frankreich Ghettos bilden, in denen das Leben anderen Gesetzen folgt als denen des Landes. Diese Probleme werden sich so rasch verschärfen, wie der Anteil der Muslime an der Bevölkerung steigt«.[16]

Die angesprochenen Probleme werden in sarrazinscher Manier einseitig den als Muslim_innen markierten Jugendlichen und ihrer religiösen Orientierung zugewiesen. Der Kommentator könnte mit dem Begriff des Bildungsverlierers jene Zusammenhänge thematisieren, die darin anklingen. Er könnte Bildungspolitik in die Pflicht nehmen, institutionelle Diskriminierung in der Schule zur Diskussion stellen, die Lebensumstände von Familien mit Kettenduldungen thematisieren, die Bedeutung der Anerkennung ausländischer Bildungsabschlüsse der Eltern für die Bildungsverläufe ihrer Kinder herausstellen usw. Er könnte auch anhand positiver Beispiele zeigen, wie Hürden überwunden werden. Er tut nichts davon, stattdessen bringt er die Verschärfung von Problemen mit der Zunahme von Muslim_innen in einen kausalen Zusammenhang. Die Strategie der Ausblendung struktureller, gesellschaftlicher und sozialer Faktoren und die Fokussierung auf ›Muslim_innen‹ geht indes mit einer Unterscheidung zwischen ›primitiven Heilslehren‹ und ›wahrem Islam‹ einher. Der Kommentator deutet an, dass die Jugendlichen entsprechende Unterscheidungen nicht treffen könnten bzw. selbst hier, auf ihrem ›eigenen‹ Terrain, ungebildet seien.

16 Käppner, Joachim: *Thilo Sarrazin: Umstrittenes Buch. Tage des Zorns*. In: *Süddeutsche Zeitung* 31.08.2010, http://sueddeutsche.de/politik/thilo-sarrazin-tage-des-zorns-1.994177.

Eine andere Differenzierung trifft Armin Pfahl-Traughber, ehemaliger Rechtsextremismusexperte beim Verfassungsschutz. Er trennt zwischen einer »aufklärerisch-menschenrechtlichen Islamkritik einerseits und einer fremdenfeindlich-hetzerischen Muslimfeindlichkeit andererseits«[17]. Auch er unterscheidet zwischen ›dem Westen‹ und ›dem Islam‹, ›der Islam‹ wird aber wiederum binnendifferenziert. 2014 schreibt er im *Dossier Rechtsextremismus* der Bundeszentrale für politische Bildung:

> »So belegt etwa eine Reihe von sozialwissenschaftlichen Studien bestimmte Besonderheiten der in Deutschland lebenden Muslime, wozu etwa ein relativ geringes Bildungsinteresse, ein relativ traditionelles Frauenbild, eine relativ ausgeprägte Religionsorientierung oder eine relativ starke Segregationsneigung zählen (vgl. u.a. Brettfeld/Wetzels 2007; Haug/Müssig/Stichs 2009).«[18]

Die ältere der beiden zitierten Studien ist unter dem Titel *Muslime in Deutschland* veröffentlicht worden. Sie erhebt keine Daten über die Religionszugehörigkeit, sondern interpretiert sie aufgrund anderer Merkmale wie Name, Nationalität und Emigrationsland. Diese Praxis, die durchaus üblich war und häufig noch ist, wurde mehrfach kritisiert und in der neueren der beiden von Pfahl-Traughber zitierten Studien berücksichtigt. Deren Autor_innen fragen ihre Proband_innen in der Studie *Muslimisches Leben in Deutschland* nach ihrer Religionszugehörigkeit in Verbindung mit ihrem Herkunftsland und differenzieren weiter aus nach unterschiedlichen Formen und Graden der Religiosität. Es entsteht ein plurales Bild von Bezügen zum Islam sowie Zugehörigkeit zu einer anderen oder keiner Religion. Die Islamwissenschaftlerin Riem Spielhaus, die diese und weitere, insbesondere quantitative Studien zu Islam und Muslim_innen analysierte,

---

17 Pfahl-Traughber, Armin: *Islamfeindlichkeit, Islamophobie, Islamkritik – ein Wegweiser durch den Begriffsdschungel.* In: Bundeszentrale für politische Bildung: *Dossier Rechtsextremismus*, 17.03.2014, http://www.bpb.de/politik/extremismus/rechtsextremismus/180774/islamfeindlichkeit-islamophobie-islamkritik-ein-wegweiser-durch-den-begriffsdschungel.

18 Ebd.

hebt jene Ergebnisse der Studie hervor, die in der Wahrnehmung vernachlässigt werden. Sie führt unter anderem aus:

> »Eine wesentliche Erkenntnis der Umfrage ist, dass ein substantieller Anteil von Personen aus mehrheitlich muslimischen Ländern der Selbsteinschätzung zufolge angibt, kein Muslim zu sein. [...] Ein signifikanter Anteil der Befragten, die sich laut Studie durchaus zum Islam bekannten, charakterisierte sich außerdem als ›nicht gläubig‹ oder ›eher nicht gläubig‹.«[19]

Die Bezüge, Grade und Formen der religiösen Selbstverortungen sind derart vielfältig und widersprüchlich (etwa ›nicht-gläubige Muslime‹), dass die Zusammenfassung aller Muslim_innen unter eine, aber auch unter zwei Rubriken dem nicht gerecht werden kann. Sie ermöglicht es aber, trotz Binnendifferenzierung weiterhin von ›dem Islam‹ zu sprechen und ihn von ›dem Westen‹ abzugrenzen. Auch die »aufklärerisch-menschenrechtliche Islamkritik« wird von einer Position aus geübt, die ihre eigene Zugehörigkeit als überlegen setzt. Es findet eine Sonderbehandlung ›des Islams‹ statt, die die eigene religiös-kulturelle »Besonderheit«, die Pfahl-Traughber Muslim_innen bescheinigt, nicht betrifft, gar nicht erst als solche wahrnimmt – sie ist der Maßstab und die Norm, an denen ›die Anderen‹ gemessen werden.

Stattdessen wird zwischen legitimer ›Islamkritik‹ und hetzerischer ›Muslimfeindlichkeit‹ unterschieden. Erstere übt Kritik an spezifischen Aussagen und Verhaltensweisen von Personen und Gruppierungen, die sich teils selbst als Muslim_innen bezeichnen, anderenteils aber von Anderen als solche markiert werden. In beiden Fällen stellt sich die Frage, warum die Kritik unter dem Schlagwort ›Islamkritik‹ geübt wird. Damit wird suggeriert, dass die kritisierten Äußerungen und Handlungen genuin und primär islamische seien, sie werden ursächlich und insbesondere mit der Religionszugehörigkeit begründet, das Islamische daran wird herausgestellt und fokussiert. Es gibt keinen parallelen Begriff der ›Christentumskritik‹, um problematische Äußerungen und Handlungen von Personen und Gruppierungen als christliche

19 Spielhaus, Riem: *Muslime in der Statistik. Wer ist Muslim und wenn ja wie viele?* In: *Mediendienst Integration*, Berlin 2013, http://mediendienst-integration.de/fileadmin/Dateien/Muslime_Spielhaus_MDI.pdf.

zu kritisieren. ›Islamkritik‹ wird von Einigen darüber hinaus als grundsätzliche Religionskritik begründet. Auch hier stellt sich die Frage, warum dies nicht unter genau diesem Begriff, nämlich jener der (allgemeinen) Religionskritik geschieht. Die Differenzierung, die zwischen legitimer und hetzerischer Kritik gemacht wird, geht daher nicht weit genug und setzt weiterhin zentral am ›Islam‹ an: Sie wird der Pluralität muslimischer Bezüge nicht gerecht, sie subsumiert spezifische problematische Äußerungen und Handlungen unter ›Islamkritik‹ und sie spezifiziert grundsätzliche Religionskritik als ›Islamkritik‹ bei gleichzeitigem Fehlen einer analogen ›Christentumskritik‹.

Auch Heiner Geißler bezieht sich auf eine Unterscheidung zwischen ›guten‹ und ›bösen‹ Muslim_innen, indem er sich besorgt zeigt über die Situation von Musliminnen. Der ehemalige CDU-Bundesminister schreibt 2014 in der *APuZ*, der Beilage zur Wochenzeitung *Das Parlament* der Bundeszentrale für politische Bildung:

> »Die wohl am weitesten verbreitete Form des Rassismus ist nicht mehr die Rassenapartheid, wie sie über Jahrhunderte in Amerika, Arabien, Südafrika gegenüber den Schwarzen und in Europa gegenüber den Juden geherrscht hat, sondern die Geschlechterapartheid. Die antiquierten Männergesellschaften der islamischen Welt, vor allem des Irans und Saudi-Arabiens, erweisen sich als die größten Gefängnisse geistiger Freiheit und Toleranz, in denen Bürgerinnen die elementarsten Menschenrechte vorenthalten werden.«[20]

Nicht nur der deutsche Kolonialismus scheint dem ehemals hochrangigen Politiker unbekannt. Mit Ausnahme des Antisemitismus wird Rassismus historisch aus dem europäischen Kontext ausgelagert, der Genozid an Sinti und Roma im Nationalsozialismus und an Herero und Nama im deutschen Kolonialismus scheinen bedeutungslos. Dagegen wird Rassismus historisch (unter anderem) nach ›Arabien‹ und aktuell in die islamische Welt verwiesen. Das imaginierte ›Wir‹ ist gleich mehrere Probleme los, und zwar Rassismus, Sexismus, geistige Unfreiheit

---

20 Geißler, Heiner: *Anmerkungen zur Rassismus-Debatte*. In: *APuZ* 13-14 (20.07.2014), 3, http://www.bpb.de/apuz/180852/anmerkungen-zur-rassismus-debatte.

und Intoleranz. Die Relativierung von Nationalsozialismus und (deutschem) Kolonialismus angesichts des Geschlechterverhältnisses ›im Islam‹ ist eine Strategie, die in ›islamkritischen‹ Argumentationen häufiger anzutreffen ist. Sie verhöhnt nicht nur die Gewalt und die Auswirkungen von Nationalsozialismus und Kolonialismus, sondern erschwert auch eine differenzierte Auseinandersetzung mit den vielfachen und ambivalenten Verstrickungen verschiedener Akteur_innen. Die Unterscheidung zwischen Islam und Westen, aber auch jene zwischen moderatem (Euro-) Islam und Islamismus folgt dem einfachen Schema von gut und böse, wobei klar zu sein scheint, auf welcher Seite ›wir‹ stehen.

Plakativ und auflagenstark bezieht sich seit Jahrzehnten Alice Schwarzer auf *den* Unterschied zwischen ›guten‹ und ›bösen‹ Muslim_innen sowie auf Parallelen zwischen Nationalsozialismus und Islamismus. In einem Interview in der Tageszeitung *Frankfurter Allgemeine* sagt die *EMMA*-Herausgeberin: »Das Kopftuch ist die Flagge des Islamismus. Das Kopftuch ist das Zeichen, das die Frauen zu den anderen, zu Menschen zweiter Klasse macht. Als Symbol ist es eine Art ›Branding‹, vergleichbar mit dem Judenstern.«[21] In einem Kommentar zur eingangs erwähnten Kopftuch-Entscheidung des Verfassungsgerichts zeigte sich Schwarzer überrascht darüber, dass das Gericht zunächst versucht habe, die Motive Fereshta Ludins und die Effekte des Kopftuchtragens auf Andere abzuwägen, um darüber entscheiden zu können, ob sie als Lehrerin Kopftuch tragen dürfe. Es sei nicht Aufgabe des Gerichts, so Schwarzer, »eine so brisante politische Frage auf diese Art und Weise [zu] psychologisieren«[22]. »Das deutsche Verfassungsgericht ist nach dem Erschrecken über den Unrecht-staat [sic] der Nazis geschaffen worden, um die Verfassungsmäßigkeit von Gesetzen und Urteilen zu prüfen und zu schützen.«[23] Fereshta Ludin gehe es um eine politische Entschei-

21 Alice Schwarzer im Interview: *»Die Islamisten meinen es so ernst wie Hitler«*. In: *Frankfurter Allgemeine* vom 04.07.2006, http://www.faz.net/aktuell/feuilleton/debatten/alice-schwarzer-im-interview-die-islamisten-meinen-es-so-ernst-wie-hitler-1358511.html.

22 http://www.emma.de/artikel/editorial-von-alice-schwarzer-ludin-die-machtprobe-263364.

23 Ebd.

dung, wenn es ihr lediglich darum ginge, zu arbeiten, dann könne sie dies auch andernorts tun. Aus der Feder einer der zentralen Figuren der zweiten deutschen Frauenbewegung wirkt diese Argumentationsweise befremdlich – oder aber entlarvend: Der muslimischen Frau wird verwehrt, sich juristisch für ihr Recht einzusetzen, eine politische Strategie zu verfolgen, ihren Arbeitsort zu wählen, sich nach Belieben zu kleiden. Für Schwarzer ist klar, dass das richtige Urteil nur in einem Kopftuchverbot münden kann, nicht zuletzt, um die große Mehrheit der gemäßigten Muslim_innen vor den Islamist_innen zu schützen. Sie schreckt nicht davor zurück, Islamismus mit Nationalsozialismus und das Kopftuch mit dem Judenstern zu vergleichen. Nationalsozialismus und Islam werden auch auf der Internetseite *Politically Incorrect* ins Verhältnis gesetzt (s. Yasemin Shooman in diesem Band). Dies geschieht in einer Weise, die sowohl Antisemitismus und Nationalsozialismus verharmlost, als auch dazu geeignet ist, antimuslimische Argumentationen zu transportieren.

Antimuslimische Argumentationen sind vielfach mit anderen gesellschaftlichen Machtverhältnissen und hegemonialen Diskursen verwoben. Neben Klasse (Bildungsferne, Arbeitslosigkeit, Transferabhängigkeit, Leistungsschwäche etc.) und Antisemitismus (islami(sti)scher Antisemitismus, Antizionismus, Israelkritik etc.) spielen Geschlecht und Sexualität seit jeher eine zentrale Rolle in hegemonialen christlich-europäisch-westlichen Bildern über ›den Islam‹. Die Kopftuchdebatte etwa ist keine neue, sondern kann auf eine lange Tradition der Auseinandersetzung mit Bekleidungsvorstellungen, Sexualitätskonzepten und geschlechtlichen Rollenerwartungen zurückblicken.

Auch die Debatten zu ›Ehrenmord‹ und ›Zwangsehe‹ thematisieren häusliche, sexualisierte und patriarchale Gewalt als islamischen Normen und Werten inhärent[24]. Tatsächlich lassen sich sowohl in islamischen als auch in christlichen und anderen

24 Vgl. Yurdakul, Gökce/Korteweg, Anna C.: *Gender equality and immigrant integration: Honor killing and forced marriage debates in the Netherlands, Germany and Britain*. In: *Women's Studies International Forum* (2013), http://dx.doi.org/10.1016/j.wsif.2013.07.011.

Religionen – ebenso wie in säkularen und laizistischen Kontexten – patriarchale und sexistische, adultistische und Gewalt befürwortende Normen, Werte und Praktiken finden. Auf diese wird jedoch in Diskursen zu ›Ehrenmord‹ und ›Zwangsehe‹ nicht Bezug genommen, bereits die Begriffswahl löst diese Formen der Gewalt als spezifische heraus und fokussiert auf ›den Islam‹. Debatten dazu werden quer durch die Parteien und politischen Positionen, in professionellen und alltäglichen Kontexten breit geführt. Anlässlich bekannt gewordener Fälle in Familien, die als muslimische vorgestellt werden, werden sie als Ausdruck muslimischer Kultur diskutiert. Im ›eigenen‹ Kontext dagegen werden entsprechende Gewalthandlungen als tragische Einzelfälle und Ausdruck von Beziehungskrisen, Elternversagen, Überforderung und anderen Ursachen aus der ›christlich-aufgeklärten Leitkultur‹ herausgenommen. Auch rechte Bürgerbewegungen beziehen sich auf den Zusammenhang zwischen Islam und Sexismus bzw. Patriarchat, etwa als gegen den Bau der Moschee in Berlin-Heinersdorf mit der Begründung demonstriert wurde, man habe Angst davor, dass dann ›unsere‹ Töchter Kopftücher tragen müssten. Oder als *Pro Deutschland* auf einem Plakat mit einer Kopftuch tragenden Frau warb: »Unsere Frauen bleiben frei«.

In diesen Debatten wird ein Defizit bei Muslim_innen angenommen, das Erziehungs-, Zivilisierungs- und Disziplinierungsbemühungen, zumindest aber Mitleid und Distanz legitimiert. Im Unterschied zu den offen aggressiven Problematisierungen in sarrazinscher oder PRO-Bewegungen-Manier werden hier Muslim_innen vorgeblich in Schutz genommen, indem sie als Opfer des Islamismus dargestellt oder zwischen Islam und Muslim_innen unterschieden wird. Dabei wird Bezug auf Menschen-, Frauen- oder Kinderrechte genommen, die als christlich, säkular, aufgeklärt, feministisch, deutsch, europäisch oder westlich, jedenfalls als fortschrittlich von ›muslimischen‹ abgegrenzt werden. Maßnahmen, die sich in paternalistischer Weise auf diese Differenz beziehen, mit dem erklärten Ziel, den Abstand zwischen ›uns‹ und ›ihnen‹ zu verringern, sind allerdings zum Scheitern verurteilt: Der Grundannahme zufolge ist die Differenz in einer

Weise religiös-kulturell bedingt, die festlegt, sodass es letztlich kein Entrinnen gibt, nur mehr oder weniger ›gute‹ bzw. ›böse‹ Muslim_innen.

Islamdiskurs als antimuslimischer Rassismus

Qualitative Studien fokussieren spezifische Argumentationen des hegemonialen Islamdiskurses und analysieren ausgewählte Praktiken von als Muslim_innen Markierten in ihren historischen Entwicklungen und gesellschaftlichen Kontexten. Sie zeigen, dass es sich bei antimuslimischen Äußerungen um ein gesellschaftlich geteiltes ›Wissen‹ handelt, um Diskurse, die als wahr gelten und deren Folgen in der sozialen Praxis als selbstverständlich akzeptiert werden. Studien zu den sogenannten Kopftuchdebatten etwa, aber auch zu anderen Fragestellungen im Zusammenhang mit den Themen Geschlecht und Sexualität zeigen regelmäßig, wie antimuslimische Diskurse Patriarchat, Sexismus und Homophobie als der islamischen Religion und Kultur immanent gedeutet werden, während sie im ›eigenen‹ Kontext als Ausnahmen diskutiert werden. Einzelfälle dienen im ›muslimischen‹ Kontext als Belege für einen ›Kulturkreis‹, der religiös begründet wird. Im ›eigenen‹ Kontext aber ist jeder Einzelfall eine Ausnahme, die zwar tragisch ist, aber nicht als deutsch, christlich oder westlich diskutiert oder gar begründet wird. Demonstrationen gegen Moscheen klagen das islamische Geschlechterverhältnis an, während der Demonstrationszug an etlichen Kirchen, evangelischen Kindergärten und katholischen Pflegestationen vorbeizieht. Kopftuch tragende Frauen werden beschimpft, geschmäht und aus angesehenen Berufen herausgehalten, während Kreuze, christliche Feiertage, Taufen, Kommunionen und Konfirmationen in Schul-, Arbeits- und Familienalltag integriert sind. In politischen Debatten, medialer Berichterstattung und juristischen Auseinandersetzungen, im Sportverein, im Frauenprojekt und im besetzten Haus wird über die Emanzipation ›der muslimischen Frau‹ und das ›Machogehabe des muslimischen Mannes‹ verhandelt. Gleichzeitig bleiben heteronormative Geschlechterordnungen und Sexualitätskonzepte im eigenen Alltag wenig hinterfragt. Der Glaube an die eigene Fortschrittlichkeit und die grundsätzliche Richtigkeit der (christlich-westlichen) Moderne werden als Maßstab gesetzt. Die fehlende Kritik an eigenen Konzepten und Praktiken, seien sie religiös oder atheistisch, hegemonial oder subkulturell, staatlich legitimiert oder staatskritisch begründet, hat den Effekt, dass gesellschaftliche Entwicklungen stagnieren und Restriktionen und Diskriminierung gegen ›Andere‹ kulturalisiert werden. Die Kulturalisierung führt somit zu Entpolitisierung. Religion und Kultur ersetzen das Soziale und Gesellschaftliche.

So unterschiedlich die Argumentationen im Detail sind, ihnen allen liegt eine Konstruktion zugrunde, die Menschen entlang von Merkmalen zu Gruppen zusammenfügt und von anderen Gruppen unterscheidet. Religion, Kultur und Ethnie werden amalgamiert, zu einer übermächtigen Bezugsgröße und einem zentralen Unterscheidungsmerkmal konstruiert. Ethnie, Kultur und Religion bzw. das, was aufgrund der äußeren Erscheinung und der sozialen Praxis dafür gehalten wird, ersetzen das Soziale, Gesellschaftliche und Politische. Den Argumentationsweisen und Konstruktionsprozessen zufolge seien alle ›Muslim_innen‹ als Mitglieder einer Gruppe zu verstehen, sie werden homogenisiert. Begründet wird ihre Homogenisierung damit, dass ihr Anderssein offensichtlich sei, ihre ethnische Zugehörigkeit auf ihre Kultur verweise, die wiederum durch Religion bestimmt werde. Die religiös-kulturell begründete ethnische Zugehörigkeit bilde die Grundlage (den Kern, die Essenz) ihres Seins. Die derart essenzialisierte und ethnisierte islamische Kultur unterscheide sich grundsätzlich von jener der Eigengruppe. Zwischen Eigen- und Fremdgruppe wird eine deutliche Grenze gezogen, es findet eine binäre, antagonistische, dichotomisierende Spaltung statt. Dabei wird die Eigengruppe als Maßstab gesetzt, an dem ›das Andere‹ gemessen wird und wodurch ›das Eigene‹ als erstrebenswert gilt. Dieser Konstruktionsprozess wird in der Rassismusforschung als Otheringprozess bezeichnet. Er wurde im Geschlechterverhältnis von Simon de Beauvoir thematisiert (*Das andere Geschlecht*) und von Edward Said in der westlich-hegemonialen Konstruktion des islamischen Orients herausgearbeitet (*Orientalismus*).

Im Otheringprozess werden als Muslim_innen Markierte zu Anderen gemacht: Sie werden homogenisiert und essenzialisiert und in Opposition zum ›Eigenen‹ gebracht, das als fortschrittlicher angenommen wird. Es scheint dann plausibel, als Muslim_innen Markierte in erster Linie als Muslim_innen zu thematisieren, sie als Angehörige einer Fremdgruppe zu deuten, deren Lebensweisen nicht auf dem Hintergrund sozialer, gesellschaftlicher und politischer Prozesse und Bedingungen zu verstehen sind. Zusammenhänge, die üblicherweise bei der Thematisierung von Bildungsbenachteiligung, Arbeitslosigkeit, Wohnungsnot, Homophobie, Sexismus oder Antisemitismus diskutiert werden, erscheinen dann als irrelevant oder nebensächlich. Insofern funktioniert der hegemoniale Islamdiskurs als antimuslimischer Rassismus.

Der Thematisierung des hegemonialen Islamdiskurses als Rassismus wird häufig entgegengehalten, Religion und Kultur seien keine ›Rasse‹. Diese Argumentation geht offensichtlich davon aus, dass Hautfarbe oder Gene eine ›Rasse‹ ausmachen, es also tatsächlich so etwas wie ›Rassen‹ gäbe. Im kolonialen, antiromaistischen oder antisemitischen Rassismus werden auf jeweils spezifische Weise und auf dem Hintergrund jeweils konkreter historischer Prozesse körperliche, kulturelle und religiöse tatsächliche oder fiktive Merkmale in einer Weise miteinander in Beziehung gesetzt, die aus homogenisierten und essenzialisierten Gruppen quasi-natürliche ›Rassen‹ konstruiert. Hiervon unterscheidet sich der antimuslimische Rassismus nicht. Ein weiteres Gegenargument bezieht sich auf die moralische Konnotation des Begriffs: Rassismus sei ein schwerwiegender Vorwurf, der für die Rassentrennung in den USA infolge der Sklaverei, für die Apartheidpolitik Südafrikas und den Judenmord im Nationalsozialismus reserviert bleiben müsse – eventuell könne die Ideologie von Rechtsextremist_innen als Rassismus bezeichnet werden. Ansonsten solle treffender von Vorurteilen, Klischees, Stereotypen oder Feindlichkeit einer Gruppe gegenüber einer anderen gesprochen werden. ›Gruppenbezogene Menschenfeindlichkeit‹ ist gegenwärtig ein Begriff, der gerne verwendet wird. Im Unterschied zu sozialpsychologischen Kategorien und

Modellen, die diesen Begriffen zugrunde liegen, argumentiert aber der Rassismusbegriff auf einer gesellschaftlichen Ebene[25].

Rassismus ist ein gesellschaftliches Machtverhältnis, das Gruppen diskursiv hervorbringt und verkörpert, um gesellschaftliche Verhältnisse zu legitimieren. Die ›schwarze Rasse‹ als Konzept wurde eingeführt, um Sklaverei und Kolonialismus zu rechtfertigen. Juden und Jüdinnen wurden als solche vom ›Eigenen‹ abgesetzt, um ›den Arier‹ zu konturieren. In beiden Fällen diente der Rassismus dazu, die gesellschaftliche Gleichstellung (als Menschen, als Deutsche, als ebenbürtig) von Schwarzen bzw. von Juden und Jüdinnen zu verhindern. In beiden Diskursen waren bzw. sind Diskurse zu Geschlecht und Sexualität bedeutsam. Rassismen sind mit verschiedenen Diskursen – Wissensordnungen und ihren Materialisierungen – verwoben und werden in konkreten historischen und gesellschaftlichen Kontexten spezifisch geformt. Diskurse zu Nation, Ethnie, Rasse und Religion werden mit Diskursen zu Klasse, Bildung, Geschlecht und Sexualität in einer Weise verknüpft, die gesellschaftliche Verhältnisse hervorbringt. In spezifischer Weise gilt dies auch für den antimuslimischen Rassismus. Dies bedeutet freilich nicht, dass jede Legitimation, die für einen Rassismus herangezogen wird, und jede Form, die ein Rassismus annimmt, auch für alle anderen gilt.

Die Muslimisierung von Eingewanderten fand in Deutschland zu einem Zeitpunkt statt, als es unumgänglich wurde einzugestehen, dass Deutschland ein Einwanderungsland ist und dass das Staatsbürgerschaftsrecht, das bis dahin ein ›Blutrecht‹ war, unzeitgemäß ist. Es wurden Bilder und Assoziationen aktiviert und genutzt, die an Jahrhunderte alten Orient- und Islamdiskursen anknüpften[26]. Sie gehen ein in aktuelle Debatten zur Formierung des Nationalstaates und kreisen im Wesentlichen darum,

---

25 Vgl. zur Kritik am Modell der gruppenbezogenen Menschenfeindlichkeit: Attia, Iman: *Privilegien sichern, nationale Identität revitalisieren.* In: *Journal für Psychologie 21 (2013).* http://www.journal-fuer-psychologie.de/index.php/jfp/article/view/258 und zur Kritik an der Vorurteilsforschung: Terkessidis, Mark: *Die Banalität des Rassismus*, Bielefeld 2004.

26 Vgl. hierzu die Beiträge in Attia, Iman (Hrsg.): *Orient- und Islam-Bilder,* Münster 2007.

wer kulturfremd ist und wer nicht. ›Der Islam gehört nicht zu Deutschland‹ ist in diesen Auseinandersetzungen eine Floskel, die vielfach Bedeutung erlangte, etwa im Einbürgerungstest, der als ›Muslimtest‹ bekannt wurde. Darin wird verhandelt, wer ›deutsch‹ ist, es geht um die Konstruktion der Nation. In Europa und insbesondere in Deutschland ist dies keine pragmatische Debatte, die darauf zielt, das Zusammenleben der Menschen zu regeln. Vielmehr geht es hier um eine ideologische Debatte, es geht um die nationale Identität.

Gleichzeitig werden Privilegien der ›Eigengruppe‹ verteidigt und gesichert. Denn mit der Entscheidung darüber, wer dazu gehört und wer nicht, gehen manifeste Privilegien einher. Der Pass ist nur eines dieser Privilegien. Es ist auch ein Privileg, bei der Berufswahl nicht eingeschränkt zu werden, wenn christliche Symbole als kulturelle Selbstverständlichkeit anerkannt werden (s. Neutralitätsgesetze). Es ist ein Privileg, ohne Angst vor rassistischer Diskriminierung ärztliche und andere Dienstleistungen in Anspruch nehmen zu können. Es ist ein Privileg, im Schulunterricht oder im Hochschulseminar nicht mit Klischees über die (vermeintlich) eigene Religion oder Kultur konfrontiert zu werden. Es ist ein Privileg, bei der Erteilung von Schulempfehlungen, Ausbildungs-, Studien- und Arbeitsplätzen, Wohnraum usw. bevorzugt zu werden. Rassismus regelt den Zugang zu Ressourcen und die Teilhabe an Gesellschaft über Zugehörigkeit zu Rasse-Volk-Nation, die heute als Religion-Kultur-Ethnie thematisiert werden.

Es handelt sich beim Rassismus demnach nicht um ein Relikt aus der Vergangenheit. Vielmehr ist Rassismus ein modernes Phänomen, das mit Kapitalismus und Nationalismus verschränkt ist. Rassismus ist zudem kein Spezifikum (ewig gestriger) rechter Gruppierungen, sondern breit und grundlegend in gesellschaftliche Debatte verwoben und vielfach mit anderen gesellschaftlichen Diskursen wie Geschlecht, Sexualität, Klasse und Bildung verschränkt. Insofern kann antimuslimischer Rassismus in unterschiedlichen politischen, gesellschaftlichen und sozialen Kontexten unterschiedliche Formen annehmen.

Yasemin Shooman

Antimuslimischer Rassismus und Islamfeindlichkeit im World Wide Web

Bevor der norwegische Attentäter Anders Behring Breivik am 22. Juli 2011 in Oslo und auf der Insel Utøya seine Anschläge verübte, bei denen 77 Menschen starben, verschickte er ein mehr als 1.500-seitiges ›Manifest‹, in dem er seine von Islamhass geprägte Weltsicht darlegt. Es besteht zu großen Teilen aus umfangreichen Zitaten und Exzerpten von internationalen antimuslimischen Webseiten. Auch wenn es sich bei der Tat um einen Extremfall handelt, so lässt sich seit einigen Jahren beobachten, dass dem Internet bei der Verbreitung des antimuslimischen und antiislamischen Gedankenguts, auf das sich Breivik berief, zunehmend eine wichtige Rolle zukommt.[1]

Neben Fernsehen und Hörfunk gehört das Internet mittlerweile zu den meistgenutzten Medien in Deutschland. Das World Wide Web hat die weltweite Kommunikation stark verändert: Informationen können so schnell und so breitflächig wie nie zuvor weitergegeben werden. Dabei kann sich jede_r Nutzer_in nicht nur als Empfänger_in, sondern auch als Sender_in betätigen, weshalb das Internet als besonders basisdemokratisches Kommunikationsmedium gilt. In Weblogs sowie Kommentar- und Diskussionsforen von Online-Zeitungen oder sozialen Netzwerken wie Facebook und Twitter können Nutzer_innen ihre Meinung zu verschiedenen Themen öffentlich äußern. Zugleich begünstigen die fehlenden bzw. geringeren Kontrollmechanismen, die sich aus der Anonymisierung der Kommunikation ergeben, eine Radikalisierung von Diskursen. Die weitgehend freie Kommunikation, die das Internet bietet, erklärt seine Attraktivität für Individuen

1 Der nachfolgende Beitrag basiert zum Teil auf Vorarbeiten, die an anderer Stelle veröffentlicht wurden. Vgl. Shooman, Yasemin: *Zwischen Alltagsrassismus und Verschwörungstheorien – Islamfeindlichkeit im Internet*, in: *Muslimfeindlichkeit – Phänomen und Gegenstrategien. Beiträge der Fachtagung der Deutschen Islam Konferenz am 4. und 5. Dezember 2012 in Berlin*, Berlin 2013, 68-85.

und Gruppen, die darin extreme politische Ansichten propagieren können, ohne sofort mit Sanktionen rechnen zu müssen. Es ermöglicht Organisationen, sich virtuell zu vernetzen und über nationale Grenzen hinweg auszutauschen, und erleichtert damit die Binnenkommunikation erheblich, mit dem Effekt, dass marginale Gruppen gestärkt werden. Sie erreichen via Internet ein viel breiteres Publikum als jenseits der virtuellen Welt. Durch diese Charakteristika der Kommunikation bietet sich das Internet als Medium für die Popularisierung ausgrenzender Ideologien an.[2] Unter dem Stichwort *Cyberhate* werden in der angelsächsischen Forschung die virtuellen Aktivitäten sogenannter *Hate Groups* analysiert, die auf Webseiten rassistisches und antisemitisches Gedankengut verbreiten.

Internationale Vernetzung der islamfeindlichen Internetszene

Zu den *Hate Pages* können auch antimuslimische Webseiten gerechnet werden, auf denen die Ausgrenzung und Benachteiligung von muslimischen Minderheiten, die in westlichen Mehrheitsgesellschaften leben, propagiert werden. Eine ideologisch gefestigte Islamfeindlichkeit, die auf ein geschlossenes Weltbild rekurriert, zeichnet sich unter anderem dadurch aus, dass sie rassistische Zuschreibungen gegenüber Muslim_innen, im Zuge derer sie als natürliche und homogene Gruppe konstruiert werden und ihnen qua ihrer Religionszugehörigkeit und/oder Herkunft bzw. ›Abstammung‹ bestimmte, zumeist negative Charaktereigenschaften zugeschrieben werden, mit Verschwörungstheorien anreichert und die Religion ins Zentrum ihrer Argumentationen rückt. Dabei wird in Verkehrung der realen gesellschaftlichen Machtverhältnisse eine bevorstehende muslimische Vorherrschaft beschworen.

2 Vgl. Widmann, Peter: *Im Netz der Populisten. Spielräume und Grenzen digitaler Propaganda*, in: Wolfgang Benz (Hrsg.): *Ressentiment und Konflikt. Vorurteile und Feindbilder im Wandel*, Schwalbach/Ts. 2014, 59-75.

Seit einigen Jahren lässt sich im Internet eine islamfeindliche Szene beobachten, die international vernetzt ist und sich dem Kampf gegen den vermeintlichen Untergang des Abendlandes bzw. der westlichen Zivilisation verschrieben hat. Zu den prominentesten Webseiten in den USA, die in Europa breit rezipiert und u.a. in dem ›Manifest‹ von Anders Behring Breivik ausführlich zitiert werden, gehören die 2003 online gegangene Seite *Jihad Watch* und die seit 2005 existierende Seite *Atlas Shrugs*. Sie werden von den eng kooperierenden Publizist_innen und Aktivist_innen Robert Spencer und Pamela Geller betrieben, die beide politisch der republikanischen *Tea-Party*-Bewegung nahestehen.[3] Spencer und Geller sind zudem mit verschiedenen Organisationen in Westeuropa vernetzt, unter anderem mit der *English Defence League*, die der englischen extremen Rechten zugeordnet werden kann (vgl. dazu Alexander Häusler in diesem Band).

Zu den Grundüberzeugungen der islamfeindlichen Aktivist_innen zählt die Vorstellung, der Islam sei keine Religion, sondern eine politische Ideologie (Unterscheidungen zwischen Islam und Islamismus werden als naiv zurückgewiesen), woraus die Forderung nach einer Einschränkung der Religionsfreiheit von Muslim_innen abgeleitet wird. Muslimischen Minderheiten wird unterstellt, an der ›Zersetzung‹ westlicher Gesellschaften zu arbeiten und dass ihre Religion ihnen gebiete, zur Durchsetzung ihrer Interessen zu lügen und zu betrügen. Als weiteres Feindbild dienen die politischen und kulturellen Eliten, die als ›Kollaborateur_innen‹ der ›Islamisierung‹ Europas und Amerikas angesehen werden. Breiviks Anschlag auf das Ferienlager der Jugendorganisation der sozialdemokratischen Arbeiterpartei Norwegens kommentierte Pamela Geller auf ihrem Blog folgendermaßen:

> »Breivik was targeting the future leaders of the party responsible for flooding Norway with Muslims who refuse to assimilate, who commit major violence against Norwegian natives, including vio-

3 Vgl. Lean, Nathan: *The Islamophobia Industry. How the Right Manufactures Fear of Muslims*, London 2012.

lent gang rapes, with impunity, and who live on the dole... all done without the consent of the Norwegians.«[4]

Beliebtes Angriffsziel amerikanischer Islamfeind_innen ist unter anderem US-Präsident Barack Obama, der als Steigbügelhalter einer islamistischen Verschwörung zur Infiltrierung der USA bzw. als heimlicher Muslim denunziert wird. Pamela Geller erlangte 2010 größere Bekanntheit durch ihr Engagement in dem Protest gegen den New Yorker Moscheebau *Park51*. Gemeinsam mit Robert Spencer und weiteren Gesinnungsgenoss_innen machte sie die Organisation *Stop Islamization of America* (SIOA) populär, die von Antidiskriminierungsorganisationen in den USA wie dem *Southern Poverty Law Center* und der *Anti-Defamation-League* als antimuslimische *Hate Group* gelistet wird. Im Januar 2012 schloss sich SIOA mit der europäischen Dependance *Stop Islamisation of Europe* (SIOE), die von dem Dänen Anders Gravers gegründet wurde, zur Dachorganisation *Stop Islamization of Nations* zusammen. Den Vorsitz übernahm Pamela Geller, Robert Spencer wurde ihr Stellvertreter. Dem ›Beirat‹ (*Board of Advisors*) der Organisation, die im März 2012 in Aarhus und im August 2012 in Stockholm zu sogenannten *Counter-Jihad*-Treffen zusammenkam und am 11. September 2012 in New York einen *International Freedom Defense Congress* ausrichtete, gehört auch Stefan Herre an, der Gründer des deutschen Blogs *Politically Incorrect*.[5]

Der Blog *Politically Incorrect*

Wie an diesen Beispielen bereits erkennbar ist, werden antimuslimische Organisationen auch jenseits der virtuellen Welt aktiv. Dies trifft ebenfalls auf Gruppierungen zu, die im deutschsprachigen Internet präsent sind. Neben Webauftritten rechtspopulistischer Organisationen wie der *Bürgerbewegung Pax Europa*

4 http://pamelageller.com/2011/07/summer-camp-indoctrination-training-center.html. Alle Webseiten wurden zuletzt aufgerufen am 20.7.2014.

5 Vgl. http://www.jihadwatch.org/2012/01/international-freedom-organizations-unite-to-create-stop-islamization-of-nations-sion.html.

oder der Kleinpartei *Die Freiheit* (vgl. dazu Alexander Häusler in diesem Band) ist insbesondere die Seite *Politically Incorrect* hervorzuheben. PI – so die gängige Abkürzung – existiert seit 2004 und gilt mittlerweile als der größte deutschsprachige islamfeindliche Weblog. Die Seite verzeichnet nach eigenen Angaben täglich bis zu knapp 120.000 Besucher_innen (Stand: August 2014) – wobei nicht gesagt ist, dass diese alle mit den Inhalten sympathisieren. Aber die hohen Zugriffszahlen zeigen die Relevanz des Blogs. Wie der Name bereits verrät, bietet die Seite, die von einer Redaktion sowie einem Kreis von Gastautor_innen mit durchschnittlich zehn Beiträgen am Tag versorgt wird, ihrem Selbstverständnis nach eine Plattform für ›politisch inkorrekte‹ Nachrichten, um damit eine Art Gegenöffentlichkeit zu den etablierten Medien zu bilden. Die Macher_innen des Weblogs bedienen sich dabei einer einfachen Technik: sogenannte Spürnasen durchforsten die virtuelle Welt nach Berichten, die weltweites Fehlverhalten von als Muslim_innen markierten Menschen akribisch dokumentieren sollen. Neben gewaltsamen Ereignissen und Konflikten im Nahen und Mittleren Osten stehen insbesondere Vorfälle in Deutschland und anderen westeuropäischen Ländern im Zentrum des Interesses, auf deren Grundlage die Mehrheitsbevölkerung zum Opfer ihrer muslimischen Minderheit stilisiert wird. Hierzu werden Meldungen aus der Regionalpresse und aus Polizeiberichten ausgewertet. Diese Art der Wirklichkeitsrezeption und -konstruktion läuft auf eine selektive Wahrnehmung hinaus, die Belege für die bereits vorhandene Überzeugung sucht und zuwiderlaufende Informationen entweder ausblendet oder Abweichendes zu Ausnahmen erklärt bzw. mittels Verschwörungstheorien zu deuten versucht.

Zum ›Herzstück‹ der Seite gehören die Kommentare der Leser_innen, die unter den Artikeln veröffentlicht werden und deren Zahl, je nach Thema, zwischen einigen Dutzend und einigen Hundert schwankt. Sie tragen wesentlich zur Selbstinszenierung des Weblogs als Sprachrohr für ›Volkes Stimme‹ bei. Das wichtigste Anliegen ist der Kampf gegen die ›Islamisierung Europas‹. Zugleich versteht sich PI explizit als »pro-amerikanisch« und »pro-israelisch«, wobei die Blogger_innen versuchen, durch die positive plakative Bezugnahme auf Jüdinnen und Juden den Vorwurf des Rassismus und Rechtsextremismus abzuwehren. Islamfeindliche und rassistische Ansichten – nicht nur gegenüber Muslim_innen, sondern vor allem auch gegenüber Sinti und Roma oder gegenüber Schwarzen – werden hingegen offen propagiert.

Ideologisch geschlossenes islamfeindliches Weltbild

Zentraler Topos der antimuslimischen Internetseiten ist die Verschwörungs- und Unterwanderungsfantasie einer ›Islamisierung Europas‹. Die etablierten politischen Parteien werden als ferngesteuert abgelehnt und insbesondere linke Politiker_innen als Muslim_innen gegenüber hörig verspottet. Die Medien werden einer gezielten Desinformation zum Zwecke der Verschleierung der Islamisierung bezichtigt. Behauptet wird ein angebliches Tabu, das jegliche Kritik an Islam und Muslim_innen in öffentlichen Diskursen unterbinde. In den Leitlinien von PI liest man:

> »Die politische Korrektheit und das Gutmenschentum dominieren heute überall die Medien. Offiziell findet diese Zensur natürlich nicht statt, dennoch wird über viele Themen, selbst wenn sie von höchster Bedeutung für uns und unser Land sind, nur völlig unzureichend oder sogar verfälschend ›informiert‹. [...] Die pro-islamische Selbstzensur unserer Medien ist ein offensichtlicher Beleg dafür, dass man in den Redaktionen offenbar dem Glauben anhängt, es könne mit dem Islam nur dann ein ›friedliches‹ Zusammenleben geben, wenn wir uns den islamischen Interessen unterwerfen.« [6]

Diese Vorstellung, wonach der mediale und politische Diskurs von muslimischen Interessen gelenkt werde, offenbart gewisse Parallelen zu antisemitischen Topoi. Zudem wird ein existenzielles Bedrohungsszenario für die Zukunft Europas entworfen:

> »Wir alle sehen Tag für Tag, wie mit dem Machtzuwachs islamischer Interessensgruppen und deren westlicher Gehilfen bereits jetzt schrittweise Einschränkungen zugunsten eines pro-islamischen Umbaus unserer Gesellschaft einhergehen. [...] Die Ausbreitung

6 http://www.pi-news.net/leitlinien/.

> des Islam bedeutet folglich, dass unsere Nachkommen – und wahrscheinlich schon wir selbst – […] in zwei, drei Jahrzehnten in einer weitgehend islamisch geprägten Gesellschaftsordnung leben müssen, die sich an der Scharia und dem Koran orientiert und nicht mehr am Grundgesetz und an den Menschenrechten.«[7]

Ein Blogger, der sowohl auf PI als auch auf einer eigenen Webseite unter dem Alias Michael Mannheimer schreibt, spricht gar von einem geplanten »Genozid am deutschen Volk«:

> »Absicht und Ausführung sind – was die massive Islamisierung Deutschlands und Europas anbetrifft – bereits seit Jahrzehnten gegeben. Die demografischen Beweise sind erdrückend. […] Verborgen von der Öffentlichkeit, im Stillen und Geheimen – und ganz klar gegen den Willen der europäischen Bevölkerungen […] – vollzieht sich derzeit der massivste Kultur- und Bevölkerungstransfer der Menschheitsgeschichte. Er ist von den politischen Eliten so gewollt und geplant – und wird von der Industrie unterstützt. Und er wird aus Europa einen Kontinent machen, den wir nicht mehr wiedererkennen werden.«[8]

In einem anderen Artikel mit dem Titel *Eurabia: Die geplante Islamisierung Europas* warnt Mannheimer: »Überall arbeiten Muslime an der Übernahme der Macht. […] Der Einfluss der Muslime auf die europäische Tagespolitik und die politische Macht ist mittlerweile gewaltig.«[9] Nicht nur Deutschland, sondern alle westeuropäischen Staaten gelten den Autor_innen sowie Sympathisant_innen islamfeindlicher Webseiten als unterwandert und ihre ›autochthonen‹ Bevölkerungen als teils wehrlose Opfer, teils aktive Kollaborateur_innen dieser Entwicklung. Als Reaktion auf ihre Teilnahme am Fastenbrechen während des Ramadans 2013 in einer Kölner Moschee beschimpften PI-

---

7 Ebd.

8 http://michael-mannheimer.info/2011/12/25/die-islamisierung-ist-ein-genozid-am-deutschen-volk-im-sinne-der-resolution-260-der-un/ und http://www.pi-news.net/2011/12/mannheimer-islamisierung-ist-volkermord/. Die Zitate aus den Blogs wurden – ohne dies im Einzelnen entsprechend zu markieren – der geltenden Rechtschreibnorm angepasst.

9 http://www.pi-news.net/2009/08/eurabia-die-geplante-islamisierung-europas/.

Nutzer_innen die damalige Bundesjustizministerin Sabine Leutheusser-Schnarrenberger z.B. als »verlogene Volksverräterin« und beklagten, »dass wir solche Regierungsvertreter gewählt haben, die unser Land verraten und verkaufen«.[10] Den Wiesbadener CDU-Oberbürgermeister Helmut Müller bezeichnete die PI-Redaktion aufgrund seiner Befürwortung der doppelten Staatsbürgerschaft in einem Artikel als »Türkenkriecher«.[11] In den Kommentaren zu einem Artikel über das geplante *Zentrum für Islam in Europa – München e.V.* (ZIE-M) wurde auch der langjährige Münchner Oberbürgermeister Christian Ude als zu ›muslimfreundlich‹ angegriffen: »Ude ist ein gefährlicher Steigbügelhalter für die Moslems, arbeitet an der Zerstörung unserer nationalen Identität und unserer kulturellen Entwurzelung. Damit begeht er Verrat am deutschen Volk.«[12] Als Grund für die parteiübergreifende politische Unterstützung des Projekts sieht der PI-Autor und Bundesvorsitzende der rechtspopulistischen Partei *Die Freiheit*, Michael Stürzenberger, »das rasch wachsende moslemische Wählerpotenzial, das von der Presse goutierte Surfen auf der gutmenschlichen ›Dialog‹-Welle sowie [...] sehr viel islamisches Geld & Öl«.[13]

Der Vorwurf der Käuflichkeit und Bestechlichkeit europäischer Politiker_innen, die damit den ›Ausverkauf‹ ihrer Heimat betrieben, unterstellt Muslim_innen eine unheimliche Machtfülle. Wie der Politikwissenschaftler Oliver Geden hervorhebt, ist dieser angenommene Komplott von Eliten und Minderheit gegen ›das Volk‹ ein Kernbestand rechtspopulistischer Argumentation.[14] Das Angstszenario einer Ausbreitung des Islams bzw. der Muslim_innen in Europa kennzeichnet eine Wahrnehmungsverschiebung im Vergleich zu herkömmlichen

10 http://www.pi-news.net/2013/07/koln-justizministerin-nimmt-an-fastenbrechen-teil/.

11 http://www.pi-news.net/2013/03/wiesbaden-cdu-turkenfreund-verliert-ob-wahl/.

12 http://www.pi-news.net/2012/11/das-munchner-anti-islamkritiker-kartell/.

13 Ebd.

14 Vgl. Geden, Oliver: *Rechtspopulismus. Funktionslogiken – Gelegenheitsstrukturen – Gegenstrategien*, Berlin 2007.

rassistischen Diskursen, in denen Muslim_innen als rückständig und kulturell minderwertig stigmatisiert werden. Denn hier werden sie als ›fünfte Kolonne‹ imaginiert, die von innen heraus an der Zerstörung westlicher Gesellschaften arbeite. In der Fiktion einer drohenden Dominanz von Muslim_innen findet zum einen ein Transfer antisemitischer Argumentationsmuster statt.[15] Zum anderen fließen in solchen antimuslimischen Diskursen verschiedene Wahrnehmungstraditionen zusammen, die die Gleichzeitigkeit von zugeschriebener Unterlegenheit und Übermacht bedingen. Neben dem im europäischen Kolonialismus wurzelnden Überlegenheitsgebaren gegenüber einem als ›Zivilisierungsobjekt‹ konstruierten Orient existiert auch eine historisch weiter zurückreichende tradierte Furcht vor Muslim_innen. Die Vorstellung der drohenden ›Unterwanderung des Abendlandes‹ aktualisiert dabei europäisch-christliche Angstszenarien des Mittelalters und der Frühen Neuzeit. Im historischen Diskurs über die ›Türkengefahr‹ ging man, so die Historikerin Almut Höfert, davon aus, »dass die gesamte Christenheit vom Antichrist in Gestalt der Osmanen überrollt zu werden drohte«.[16] Dieses apokalyptische Narrativ findet seinen Widerhall im gegenwärtigen Topos einer drohenden ›Islamisierung Europas‹.

Der Täuschungsvorwurf *Taqiyya*

Neben der Unterwanderungsfantasie ist der Täuschungsvorwurf ein weiterer Kernbestand antimuslimischer Argumentationen im Internet. Auf *Politically Incorrect* findet sich dazu eine eigene Rubrik, *Taqiyya*, in der Muslim_innen, die sich nicht extremistisch äußern, als Betrüger_innen ›geoutet‹ und des Redens mit doppelter Zunge verdächtigt werden. In einem Artikel mit dem Titel »Die Taqiyya-Meister sind die Gefährlichsten« versucht PI-Autor Michael Stürzenberger beispielsweise, den Professor für

15 Vgl. Benz, Wolfgang: *Antisemitismus und ›Islamkritik‹. Bilanz und Perspektiven*, Berlin 2011.

16 Höfert, Almut: *Alteritätsdiskurse. Analyseparameter historischer Antagonismusnarrative und ihre historiographischen Folgen*. In: Gabriele Haug-Moritz/Ludolf Pelizaeus (Hrsg.): *Repräsentationen der islamischen Welt im Europa der Frühen Neuzeit*, Münster 2010, 28.

Islamische Religionspädagogik an der Westfälischen Wilhelms-Universität Münster, Mouhanad Khorchide, als »Lügner« und »dreiste[n] Täuscher« zu überführen, da dieser in einem Zeitungsinterview über sein Islamverständnis von einem barmherzigen Gott spricht. Dahinter vermutet Stürzenberger ein taktisches Manöver zu Verschwörungszwecken:

> »Dieser gebürtige Libanese hat sein Studium der Islamwissenschaften in Beirut absolviert. Er ist meines Erachtens zu Propagandazwecken ausgebildet und hergeschickt worden, um die Islamisierung zu unterstützen. Die klare Strategie solcher Taqiyya-Spezialisten ist es, die ungläubige Gesellschaft mit dem Märchen vom ›friedlichen Islam‹ einzulullen, bis Moslems in Mehrheitspositionen sind und dann der wahre Islam an die Macht kommen kann.«[17]

Das arabische Wort *taqiyya*, das mit ›bei Gefahr verbergen‹ übersetzt werden kann, bezeichnet die Verleugnung des Glaubens, sofern das eigene Leben oder das der Angehörigen bedroht ist. Historisch betrachtet wurde die *Taqiyya* vor allem von Schiit_innen praktiziert, die von der sunnitischen Orthodoxie immer wieder als Häretiker_innen verfolgt wurden.[18] Das *Taqiyya*-Konzept stützt sich im Wesentlichen auf den Vers 106 der 16. Sure des Korans, in dem es heißt, dass Gott denjenigen die Strafe erlässt, die ihn unter Zwang verleugnet haben.[19] Es handelt sich bei der *Taqiyya* also keineswegs um ein Täuschungs*gebot*, sondern lediglich um die Gewähr von Straffreiheit in diesem speziellen Fall von Glaubensleugnung. Das Konzept der *Taqiyya* wird im Kontext islamfeindlicher Argumentationen bewusst missinterpretiert und verzerrt, um Muslim_innen eine spezielle Neigung zur Täuschung ihrer Umwelt zu unterstellen. Der Täuschungsvorwurf funktioniert in der Logik des antimuslimischen Rassismus nicht zuletzt deshalb so gut, weil es für die Betroffe-

17 http://www.pi-news.net/2012/10/die-taqiyya-spezialisten-sind-die-gefahrlichsten/.

18 Vgl. Meyer, Egbert: *Anlaß und Anwendungsbereich der taqiyya*. In: *Der Islam. Zeitschrift für Geschichte und Kultur des islamischen Orients* 57 (1980), 249.

19 Vgl. Goldziher, Ignaz: *Das Prinzip der Taqijja im Islam*. In: *Zeitschrift der deutschen morgenländischen Gesellschaft* 60 (1906), 214.

nen keine Möglichkeit gibt, ihn zu entkräften. Jedes Abstreiten wird von Islamfeind_innen nur als weiterer Betrug begriffen und jedes Abweichen von – nach ihrer Vorstellung – typisch ›islamischem‹ Verhalten als List zur Durchsetzung geheimer Interessen gedeutet. So gibt ein PI-Nutzer zu bedenken, dass letztendlich auch »das Trinken von Alkohol im ›Haus des Krieges‹ [...] als Taqiyya durchgehen [kann], um das Land besser unterwandern zu können«.[20] Für Michael Stürzenberger mündet die Überzeugung, das Lügen und Täuschen sei eine islamische Vorschrift, in einer Warnung an alle Nichtmuslim_innen: »Traue keinem korangläubigen Moslem, drehe keinem den Rücken zu, gebe keinem einen Vertrauensvorschuss und glaube keine Lippenbekenntnisse. Schließlich ist schon ihr Gott Allah ›der größte Listenschmied‹.«[21]

Hier offenbart sich deutlich, in welcher Weise die Religionszugehörigkeit im antimuslimischen Rassismus analog zu Rasse-Konstruktionen funktioniert: Muslim_innen werden – ähnlich wie Jüdinnen und Juden in antisemitischen Weltbildern – als ihrem ›Naturell‹ nach hinterlistig und verschlagen gezeichnet; die Neigung zur Täuschung wird zu einem kollektiven Charakterzug stilisiert, woraus Konsequenzen für den sozialen Umgang gezogen werden, nämlich, als Muslim_innen markierten Menschen stets mit Misstrauen zu begegnen. Folgerichtig bekundet ein PI-Nutzer: »Ich vertraue und glaube keinem Moslem, die haben alle den mörderischen Islam-Chip im Kopf, der auf Töten programmiert ist.«[22] Die auf antimuslimischen Webseiten propagierte Metapher vom ›Chip im Kopf‹, der Muslim_innen in ihrem Dasein und Verhalten ›steuern‹ würde, erfüllt dabei dieselbe Funktion wie der Rekurs auf Gene im biologistisch begründeten Rassismus. Letztendlich sind Muslim_innen dieser Wahrnehmung nach nicht gesellschaftsfähig und die einzig logische Konsequenz besteht – in der milden Form – in der Wahrung sozialer Distanz

---

20 http://www.pi-news.net/2010/01/amir-i-durfte-nicht-im-bonner-muenster-reden/.

21 http://www.pi-news.net/2014/01/video-muenchen-tuerkischer-moslem-sabotiert-megaphon/.

22 Ebd.

zu ihnen und – in der radikaleren Variante – in ihrer Entfernung aus der Gesellschaft, denn schließlich könne die ›Maske‹, hinter der es ihnen gelänge, ihr ›wahres‹ destruktives und gefährliches ›Wesen‹ zu verbergen, jederzeit fallen. Entsprechend resümiert ein PI-Nutzer: »Und dann wollen uns schäbige Politiker noch weismachen, es könnte Integration (im großen Stil) geben. Integration – bis auf marginale Ausnahmen – ist ein Hirngespinst. Sie wollen uns erobern und das nachholen, was sie 1683 vor Wien nicht geschafft haben.«[23] »Die Erfahrung habe ich auch schon gemacht«, so ein anderer PI-Kommentator:

> »Da steht anscheinend ein aufgeklärter moderater Moslem vor einem, der westlich gekleidet [ist], rasiert und einen ganz plausiblen und netten Eindruck macht. Und dann kommt plötzlich der absolute steinzeitliche Fanatismus raus. Dann zeigt der anscheinend so westlich angepasste und moderate Moslem seine wahre islamische Fratze und seine extrem gewaltbereite Religionsideologie!«[24]

Der Topos der vorgetäuschten Anpassung, der auch im breiteren Diskurs in der Figur des ›Schläfers‹ kurz nach den Terroranschlägen vom 11. September 2001 seinen Ausdruck fand, steht auf antimuslimischen Webseiten in engem Zusammenhang mit dem Verschwörungstopos der beabsichtigten ›stillen Islamisierung‹ Europas. Diese gehe, so die Vorstellung, unbemerkt und im Verborgenen vonstatten, weshalb die westlichen Mehrheitsbevölkerungen ihr umso schutzloser ausgeliefert seien und es kaum ›Gegenwehr‹ gebe. Eine solche zu initiieren, sehen die Betreiber_innen der islamfeindlichen Blogs daher als ihre vorrangige Aufgabe an.

Demografische Bedrohungsszenarien

Die wichtigste ›Waffe‹ der Muslim_innen ist, so die auf antimuslimischen Internetseiten propagierte Auffassung, ihre vermeintlich planvolle Vermehrung zum Zwecke der ›Islamisierung‹. Die Vorstellung eines demografischen Kampfes gegen die Mehrheitsbevölkerung wird unter dem Schlagwort ›Geburten-Djihad‹

23 Ebd.
24 Ebd.

zusammengefasst, wobei *Djihad* hier als religiös motivierter Krieg verstanden wird. PI-Autor Michael Stürzenberger drückte dies in seiner Rede auf einer Kundgebung in München am 1. September 2012, die in einem Video auf PI und YouTube gepostet wurde, so aus:

> »Es ist die Demografie. Das ist die gefährliche Entwicklung, die keiner mitbekommt, weil sie schleichend passiert. Von Jahr zu Jahr haben Muslime drei Mal mehr Kinder als Nichtmuslime in Deutschland. Es ist der Geburten-Djihad, ein erklärter Teil ihrer Strategie. Und haben Sie Geduld, das kann Jahrzehnte dauern, das kann 60, 70 Jahre dauern. [...] Und dann werden sie, aufgrund der demokratischen Verhältnisse, ganz legal an die Macht kommen. Sie werden sich hier die Macht nehmen und dann Gnade Gott unseren Kindern, die das erleben müssen.«[25]

Dieses Zitat veranschaulicht, wie sehr es sich bei dem wiederholt vorgebrachten Argument, die sich selbst als ›Islamkritiker‹ Bezeichnenden würden nur den Islam als Religion angreifen und nicht die Muslim_innen als Menschen, um eine Schutzbehauptung handelt. Als Muslim_in gilt in ihren Augen, wer von muslimischen Eltern abstammt – und das allein macht ihn oder sie bereits zum Problem oder gar zur Gefahr. Auf PI und anderen islamfeindlichen Webseiten wird deshalb immer wieder skandalisiert, dass mittlerweile in vielen europäischen Ländern bei männlichen Neugeborenen angeblich der häufigste Vorname Mohammed lautet. Die Meldung der *Berliner Morgenpost* über die Vierlingsgeburt einer türkischen Mutter in Berlin, die bereits sieben Kinder hatte, wurde z.B. unter dem Titel *Geburtendjihad in Berlin: Türkische Kopftuch-Mutter Emine hat bis jetzt 11 Kinder* auf PI aufgegriffen und in einem redaktionellen Artikel einem hämischen Kommentar unterzogen. Darin heißt es:

> »Emine ist eine jener ›Bereicherinnen‹, von denen Thilo Sarrazin gesagt hat, sie würden ›ständig neue kleine Kopftuchmädchen produzieren‹. Die ~~Geburtsmaschine~~ Moslem-Mutter hat es bisher auf zehn geschafft. Einige davon werden sicher auch bald loslegen mit der Vervielfältigung, die älteste ist bereits 17. Bei Mama Emine geht

25 http://www.youtube.com/watch?feature=player_embedded&v =38q4AklodOQ.

bestimmt auch noch was, sie dürfte erst Mitte 30 sein. Ein Stammhalter war bei den am 28. November in das ›Haus des Krieges‹ zur Welt gebrachten Vierlingen jetzt auch endlich dabei: ›Diyar‹ heißt der junge Pascha, und das bedeutet so viel wie ›das ersehnte Land‹. Nun, handelt es sich hierbei etwa um das kommende Alemanistan, früher als Deutschland bekannt, damals noch ein freies demokratisches Land mit Grundgesetz und Toleranz, dann aber islamisch besetzt, schariakontrolliert, ohne Meinungsfreiheit, mit Religionsfaschismus und Unterdrückung aller Nicht-Moslems?«[26]

Neben der Häufung sarkastischer und verächtlicher Bezeichnungen, mit denen sowohl die Mutter als auch ihre Kinder hier herabgewürdigt und zu einer Bedrohung für Deutschland stilisiert werden, sticht die Bezugnahme auf Thilo Sarrazin ins Auge, durch dessen Thesen sich die Internet-Aktivist_innen in ihrem antimuslimischen Rassismus bestärkt sehen und der deshalb ausgiebig auf diesen Webseiten rezipiert wurde (vgl. dazu Iman Attia in diesem Band). Die mehr als 250 Kommentare zu dem Artikel, der durch die Tonlage, das verwendete Vokabular und die Einordnung in die Rubrik »Kolonisation Deutschlands« bewusst eine Kampfstimmung evoziert, fallen entsprechend aus. So hält es ein PI Nutzer angesichts solcher Meldungen für unabdingbar, »dass Geburtenförderung nur Deutschen zugutekommt«. Eine Kommentatorin moniert, dass diese Entwicklung politisch »so gewollt ist, um die Zahl der Deutschen noch etwas schneller zu reduzieren [...] und wir alle müssten jeden Tag auf die Straße gehen und gegen unsere Ausrottung protestieren!« Der nächste spricht von einer »tickend[en] Zeitbombe« und verlinkt in seinem Kommentar zu einer Zeichnung, die auch in dem ›Manifest‹ von Anders Behring Breivik abgebildet ist und eine Muslimin mit einer Burka zeigt, deren schwangerer Bauch eine Bombe mit brennender Zündschnur formt, und ein anderer höhnt: »Die miesen Rassen vermehren sich in riesen Massen.«[27]

26 http://www.pi-news.net/2013/12/geburtendjihad-in-berlin-tuerkische-kopftuch-mutter-emine-hat-bis-jetzt-11-kinder/.
27 Ebd.

Das Anknüpfen an emanzipative Argumentationen

Die Skandalisierung der Fertilität von Muslim_innen geht zumeist mit Klagen über hohe Abtreibungsraten und Kinderlosigkeit der weißen Deutschen und Europäer_innen einher. Entsprechend finden sich in zahlreichen Artikeln und Kommentaren Schimpftiraden gegen »alternde kinderlose Emanzen«, »ihr[en] verweichlichte[n] und verweiblichte[n] männliche[n] Anhang« und die »feministische Ideologie«, die am Aussterben der ›autochthonen Deutschen‹ schuld sei.[28] Dieser explizite Anti-Feminismus belegt, dass in rechtspopulistischen Kontexten auf Frauenrechte nur dann zurückgegriffen wird, wenn sie sich als rhetorische Waffe zur Diskreditierung von Muslim_innen einsetzen lassen, denn eine wichtige Legitimierungsstrategie auf islamfeindlichen Webseiten stellt das Anknüpfen an egalitäre Argumentationen dar. Die antimuslimische Aversion wird mit dem Engagement für Menschenrechte und dem Schutz von Frauen oder Homosexuellen gerechtfertigt. Die Kritik an patriarchalen Strukturen und sexistischen Einstellungen unter Muslim_innen ist ein ständig wiederkehrendes Motiv in den Postings der Blogs. Dass solche Argumente lediglich vorgeschoben sind und mit eigenen sexistischen Einstellungen einhergehen, dokumentieren zahlreiche frauenverachtende Kommentare. Für die Betreiber_innen von *Politically Incorrect* ist es offenkundig tolerabel, wenn Frauen, deren politische Positionen attackiert werden sollen, als »Quoten-Tussis« oder »Schlampen« verunglimpft werden.[29] Ein ähnlicher Befund zeigt sich für das Thema Homophobie. Die Belange von Homosexuellen scheinen lediglich so lange von Interesse zu sein, wie sie gegenüber Muslim_innen geltend gemacht werden. Entsprechend aufschlussreich heißt es in einem redaktionellen Beitrag auf PI:

> »Wenn bei PI hin und wieder ein Artikel erscheint, der sich kritisch mit der rechtlichen Gleichstellung von Homosexuellen-Ehen auseinandersetzt, ist das im Rahmen der Meinungsfreiheit absolut

28 http://www.pi-news.net/2008/10/desperate-feminists/.

29 http://www.pi-news.net/2010/09/wer-einmal-luegt/.

gerechtfertigt. Dies hat auch absolut nichts mit einer generellen Schwulenfeindlichkeit zu tun. Ganz im Gegenteil: Wir werden uns bei PI immer für Homosexuelle einsetzen, wenn sie von irgendeiner Seite bedroht werden, beispielsweise von gewaltbereiten Angehörigen des aggressiv schwulenfeindlichen Islams.«[30]

Homophob sind diesem Selbstbild zufolge also immer nur die ›muslimischen Anderen‹ bzw. nur deren Homophobie erscheint kritikwürdig. Entsprechend meint ein Kommentator:

»Das Thema Homosexualität eignet sich am allerwenigsten für diesen Blog, denn sobald dieses Thema erwähnt wird, gibt es pro und contra unzählige Zuschriften, die sich zahlenmäßig in etwa die Waage halten. Ich empfehle daher dringend, das Thema Homosexualität aus diesem Blog fernzuhalten, es sei denn, Schwule oder Lesben wurden mal wieder von Mohammedanern angegriffen.«[31]

Diese Art der funktionalistischen Indienstnahme von Menschenrechten illustriert z.B. auch der PI-Bericht über eine Protestaktion von Homosexuellen vor einer Moschee in Frankreich. In dem Artikel heißt es:

»Man wundert sich in Deutschland immer wieder, dass es unter Frauen und Homosexuellen nicht längst selbstverständlich ist, gegen die Islamisierung unseres Landes aktiv zu werden. Wie auch PI immer wieder berichtet, sind diese beiden Gruppen von der muslimischen Landnahme schließlich am meisten betroffen.«[32]

Nur drei Tage später erschien auf PI ein Artikel, der die Gleichstellungspolitik der Landesregierung in Baden-Württemberg in Hinblick auf homosexuelle Partnerschaften skandalisierte.[33] Noch offensichtlicher tritt der instrumentelle Umgang mit dem Thema in dem Artikel *Die dümmsten Schwulen holen sich ihre muslimischen Schächter selbst*[34] zutage, in dem einerseits beklagt

---

30 http://www.pi-news.net/2011/11/pi-ist-nicht-homophob/.

31 Ebd.

32 http://www.pi-news.net/2011/04/lyon-kiss-in-gegen-muslimische-homophobie/.

33 Vgl. http://www.pi-news.net/2011/04/rot-grun-schafft-vorrang-der-ehe-ab/.

34 http://www.pi-news.net/2013/08/die-dummsten-schwulen-holen-sich-ihre-muslimischen-schachter-selbst/.

wird, dass »in der Schwulenszene [...] der Begriff ›Homophobie‹ derzeit zunehmend inflationär gebraucht« wird und dass es nur dann angebracht wäre, ihn zu benutzen, »wenn die Diskriminierung oder gar Verfolgung von Homosexuellen tatsächlich auf ›Angst‹ basiert«. Dies sei jedoch vorrangig ein muslimisches Problem: »Bei den Muslimen kann diese Angst darin bestehen, sich die eigenen homosexuellen Anteile einzugestehen.« – Auf nichtmuslimische Deutsche scheint dies aus Sicht der Autor_innen offenbar nicht zuzutreffen. Deshalb plädiert PI dafür, »den Begriff ›Homophobie‹ darum sehr bewusst nur dort [zu verwenden], wo er wirklich hinpasst«, und zwar zur Anprangerung der Homophobie von Muslim_innen. Konterkariert werden diese Ausführungen von den Kommentaren der PI-Nutzer_innen zu diesem Artikel, wovon gleich der erste lautet: »Homophobie? Wenn man meinen Kindern im Kindergarten die Homosexualität nahebringen will, dann werde ich homophob. Na und? Die Intoleranten sind doch die Homos, die die Kinder beeinflussen wollen.«[35] Ein anderer meint: »Die Homolobby hat es geschafft, dass jegliche Kritik an der Homo-Ideologie als schwulenfeindlich und Hetze ausgelegt wird.«[36] Und ein dritter »stimm[t] mit denen überein, die Putin um seiner Prinzipien loben, in Russland die offene Verwahrlosung/Pervertierung durch Schwule-Lesben im öffentlichen Leben zu verhindern«.[37]

Die Analyse solcher Beiträge zeigt, dass die Instrumentalisierung des Sexismus- oder auch Homophobievorwurfs gegenüber Muslim_innen einerseits dazu dient, antimuslimischen Rassismus zu rechtfertigen, während damit zugleich der eigene Sexismus und die eigene Homophobie ausgelagert und ausgeblendet werden können.

35 Ebd.
36 Ebd.
37 Ebd.

Juden und Israel als Alibi

Eine ähnliche Legitimierungsstrategie bildet das funktionalistische Verhältnis zu Juden und Jüdinnen sowie zum Staat Israel, in dem die islamfeindliche Internet-Community »die Frontlinie des freien Westens gegen den Islam« sieht. »Israel ist die zivilisatorische Pufferzone gegen eine ständig vorhandene gnadenlose islamische Barbarei«, so die Einschätzung von PI.[38] »Wenn Jerusalem in die Hand der Muslime fällt, sind Athen und Rom als nächste an der Reihe«, zitiert PI zustimmend die Überzeugung des Rechtspopulisten Geert Wilders.[39] Für PI-Autor Michael Stürzenberger besteht Gewissheit darin, dass

> »alle kriegerischen Auseinandersetzungen, in die Israel seit 1948 hineingezogen wurde, [...] ganz eindeutig auf die kriegerisch-totalitäre Ideologie des Islams zurückzuführen [sind]. Israel wird erst dann Ruhe und friedliche Nachbarn haben, wenn der Islam aus den Köpfen der Araber verschwunden ist – oder sich der Islam von seinem gewalt- und tötungsverherrlichenden Charakter gelöst hat.«[40]

Da die zweite Option aus PI-Sicht eigentlich unmöglich ist, weil die Gewaltbereitschaft eines der Hauptmerkmale des Islams und ihm ›wesensimmanent‹ sei, kann der letzte Halbsatz als halbherzige Einschränkung der eigentlichen Aussage verstanden werden: dass einzig und allein ›der Islam‹ die Quelle des Nahostkonflikt sei, der damit von einem politischen zu einem rein religiösen Konflikt umgedeutet wird.

Die Unterstützung Israels resultiert in diesen Kreisen zum einen aus einer rassistisch motivierten Ablehnung von Muslim_innen. Entsprechend wird die Berichterstattung über den immer wieder aufflammenden Israel-Palästina-Konflikt mitunter als willkommenes Ventil für Gewaltfantasien gegenüber Muslim_innen und insbesondere Palästinenser_innen genutzt: »Ich weiß nicht, ob das korrekt ist, aber ich sage mal, Israel mach Palästina platt!

38 http://www.pi-news.net/2014/07/hamas-krieg-gegen-israel-das-medienmuster/.

39 http://www.pi-news.net/2010/06/wilders-jordanien-soll-palaestina-werden/.

40 http://www.pi-news.net/2012/08/erster-islamkritischer-marsch-durch-munchen/.

Radiert alles aus, ihr könnt das!«[41] Zum anderen eignet sich die positive Bezugnahme auf Israel, um dem Vorwurf des Rassismus und Rechtsextremismus zu begegnen. PI-Aktivist_innen bemühen sich daher um ein betont philosemitisches Auftreten. Bei antimuslimischen Demonstrationen und Kundgebungen wird z.B. demonstrativ die israelische Fahne mitgeführt und geschwenkt. Das Verhältnis zu den in Deutschland lebenden Jüdinnen und Juden ist hingegen ambivalent. Michael Stürzenberger hebt bei seinem im Internet und in den Fußgängerzonen Münchens geführten Kampf gegen ein Moscheebauvorhaben immer wieder seine philosemitische Haltung und die Unterstützung, die sein Vorhaben angeblich durch Jüdinnen und Juden erfahre, hervor:

> »Wir von der FREIHEIT und bei PI empfinden eine tiefe Solidarität mit der einzigen Demokratie des Nahen Ostens, dem jüdischen Volk und allen Juden in Deutschland, die klar denken und sich der Gefahr der Islamisierung bewusst sind. Ich bin stolz darauf, dass sich ein Jude auf unserer Kandidatenliste zur Stadtratswahl befindet und er ein wertvolles Mitglied unserer Partei ist. Ich freue mich immer über Juden, die uns freudig bei unseren Kundgebungen aufsuchen und uns die Wichtigkeit unserer Aufklärungsaktionen bestätigen.«[42]

Jüdinnen und Juden gelten solange als Verbündete, wie sie die politischen Positionen der Islamfeind_innen teilen bzw. sich dafür vereinnahmen lassen. Sobald sie sich gegen diese antimuslimische Hetze aussprechen und sich mit Muslim_innen solidarisch zeigen, werden auch sie zum Angriffsziel der PI-Aktivist_innen. Dies zeigt u.a. das Beispiel des Münchner CSU-Stadtrats Marian Offman, der sich für den Bau der geplanten Moschee in München einsetzt, den Michael Stürzenberger und Gleichgesinnte zu verhindern versuchen. Auf PI wetterte Stürzenberger daraufhin wiederholt gegen Offman und stellte dessen jüdische Identität dabei in den Vordergrund:

> »Völlig irre, dass der Jude Marian Offman seine Bestimmung offensichtlich darin sieht, den judenhassenden Islam in Europa

41 Ebd.

42 http://www.pi-news.net/2014/03/csu-offman-im-tuerken-journal-interview-judentum-islam-und-christentum-gleichwertig/.

hoffähig zu machen. […] Mit seiner Hofierung dieser gefährlichen Ideologie und seiner Unterstützung der Islamisierung Deutschlands werden sich Appeaser wie Offman irgendwann wegen Volksverrats vor deutschen Gerichten verantworten müssen. […] Das Verhalten von Marian Offman […] ist eines Juden unwürdig.«[43]

Aber nicht nur in den Fällen, in denen Jüdinnen und Juden sich nicht als Gegenspieler_innen von Muslim_innen instrumentalisieren lassen, zeigt sich, dass der plakative Philosemitismus der Islamfeind_innen eher Teil einer Legitimierungsstrategie ist, als dass er einer tatsächlichen Distanzierung von Antisemitismus geschuldet ist. Auch in Kontexten, in denen Jüdinnen und Juden als religiöse Minderheit in Deutschland sichtbar werden, wie beispielsweise beim Thema Schächten oder während der Beschneidungsdebatte, sind auf PI mitunter antisemitische Töne zu vernehmen, z.B. im folgenden Kommentar, der Reflexe eines Schuld-Abwehr-Antisemitismus erkennen lässt:

»[Es] kann […] m.E. nicht sein, dass eine (oder zwei) Religion(en) Sonderrechte erhalten, weil deutsche Politiker zu feige sind, Grundrechte für Menschen unabhängig von deren Herkunft durchzusetzen! Es ist mies, die Judenverfolgung für die Durchsetzung solcher Ziele anzuführen! Es gibt keine Erbschuld, die uns verpflichtet auf alle Zeiten Sonderrechte bestimmter Gruppen zu dulden!«[44]

Und ein anderer PI-User resümierte: »In Deutschland wird alles hofiert, solange es nicht christlich ist.«[45] Wie auch im breiteren Diskurs, fanden sich Jüdinnen und Juden während der Beschneidungsdebatte auf einmal zusammen mit Muslim_innen mit pauschalen Vorwürfen konfrontiert und aufgrund ihrer Religionspraxis dämonisiert. Auf PI zog ein Nutzer das Fazit: »Es hat nichts mit Hass gegen Juden zu tun. Aber hier wird das gleiche Gejammer an den Tag gelegt, was wir sonst nur von Moslems kennen.«[46] Ein anderer meinte: »Ob Juden oder Muslime – Kinderverstümmler gehören alle angezeigt«, während ein dritter

---

43 Ebd.
44 http://www.pi-news.net/2012/10/petition-gegen-beschneidung/.
45 Ebd.
46 http://www.pi-news.net/2012/08/ein-gesprach-uber-die-beschneidung-im-judentum/.

befand: »Wenn einige Leute – egal ob Moslems oder Juden – ihre mittelalterlichen Rituale weiterhin pflegen wollen, sollen sie in die Staaten gehen, wo dies gängige Praxis ist.«[47] Solche Äußerungen wurden auf PI durch andere konterkariert: »Leute, lasst doch endlich die Juden mit ihrer Beschneidung in Ruhe!« oder »Ein Deutschland ohne Juden, jüdisches Leben? NEE DANKE!!!«[48] – eine Haltung, die gegenüber Muslim_innen auf PI undenkbar wäre. Die judenfeindlichen Bemerkungen geben jedoch einen Hinweis darauf, dass der strategisch gewählte Philosemitismus in islamfeindlichen Kreisen durchaus brüchig wird, sobald Jüdinnen und Juden sich nicht mehr in die antimuslimische Argumentation einbinden lassen. Selbstkritisch merkte ein PI-Kommentator daher während der Beschneidungsdebatte an: »In eurem blinden Eifer gegen den Islam habt ihr euch beim Thema Beschneidung en passant als Feinde des Judentums erwiesen.«[49]

Kulturell und biologistisch begründeter Rassismus

Ein Kennzeichen antimuslimischer Webseiten ist die Häufung von rassistischen Zuschreibungen, die sowohl kulturell als auch biologistisch begründet werden. Neben der Wahrnehmung als homogenes Kollektiv lässt sich eine Verwendung der Kategorie ›Muslim_in‹ in einem ethnischen Sinne nachweisen. Dies wird insbesondere immer dann deutlich, wenn Personen alleine aufgrund ihres Namens oder Aussehens als Muslim_innen ›identifiziert‹ und alle ihnen unterstellten Charaktereigenschaften vom Islam abgeleitet werden, bzw. jedes negative Verhalten von als muslimisch markierten Menschen auf den Islam zurückgeführt wird. Ein ständig wiederkehrendes Stereotyp ist das des ›sozialschmarotzenden Muslims‹. Muslim_innen werden beschuldigt, in Deutschland »wie Maden im Speck«[50] zu leben, nicht arbeiten zu

47 Ebd.

48 Ebd.

49 http://www.pi-news.net/2012/07/widerstand-gegen-das-beschneidungsgesetz/.

50 http://www.pi-news.net/2013/09/elf-turken-im-neuen-deutschen-bundestag/.

wollen und das Sozialsystem auszunutzen. Genauso dominant ist die Bezichtigung einer ausgeprägten Gewaltaffinität – insbesondere auch in Hinblick auf sexuelle Gewalt –, die in ihrer Religion oder Kultur wurzele und ihr Handeln determiniere, wie z.B. in dem PI-Artikel *Islam begünstigt kriminelles Verhalten* dargelegt wird.[51] Immer wieder werden Polizei- und Presseberichte über Vergewaltigungen oder gewalttätige Überfälle zitiert, in denen die Täter als ›südländisch‹ aussehend beschrieben werden, womit in der Regel körperliche Merkmale wie eine ›dunkle Haut‹ und schwarze Haare gemeint sind. Artikel über solche Vorfälle werden mit Überschriften wie »Moslems vergewaltigen 18-Jährige« versehen und diese Vergehen als ›muslimische Taten‹ interpretiert.[52] Dies zeigt, dass das Muslim-Sein an somatischen – also an körperlichen Faktoren – festgemacht wird. Falls explizite Täterbeschreibungen fehlen, liegt für PI-Nutzer_innen der Verdacht nahe, dass die Medien die muslimische Identität der Täter_innen zu verschleiern versuchten. So schreibt ein Kommentator auf PI:

> »Und obwohl das Opfer überlebt hatte und den Tathergang und den Täter beschrieben hat, keine Personenbeschreibung folgte [sic], kann man daraus schließen, dass der Täter wie üblich mit höchster Wahrscheinlichkeit ein Moslem ist. Jetzt muss man schon wie in einer Diktatur zwischen den Zeilen lesen, um die Wahrheit zu erfahren.«[53]

Muslim_innen wird unterstellt, sich aufgrund ihrer Religionszugehörigkeit dem deutschen Staat und der deutschen Gesellschaft gegenüber illoyal zu verhalten und qua Herkunft keine ›vollwertigen‹ Deutschen sein zu können, worin sich ein völkisches Verständnis vom Deutsch-Sein offenbart. Eingebürgerte Migrant_innen werden auf PI in den Kommentarspalten beispielsweise als »reinrassige Türken [...] mit deutschem Pass«[54] verunglimpft, die

51 http://www.pi-news.net/2009/05/islam-beguenstigt-kriminelles-verhalten/.

52 Vgl. http://www.pi-news.net/2010/08/augsburg-moslems-vergewaltigen-18-jaehrige/.

53 http://www.pi-news.net/2013/01/viktoria-grosmann-suddeutsche-auf-disco-klo/.

54 http://www.pi-news.net/2011/08/bild-jeder-funfte-hartz-iv-empfanger-auslander/.

SPD-Politikerin Lale Akgün wird als »islamischer Maulwurf«[55] bezeichnet. Über die CDU-Abgeordnete Cemile Giousouf, von PI abschätzig als »Quoten-Mohammedanerin« diffamiert, heißt es in den Kommentaren, sie sei eine »Vorzeige-Takiyade im westlichem Outfit«, ein »Wolf im Schafspelz« sowie ein »trojanisches Pferd«[56], und der baden-württembergischen Integrationsministerin Bilkay Öney wird in redaktionellen Artikeln vorgeworfen, ein »islamisches U-Boot«[57] zu sein. In solchen Formulierungen, in denen als Muslim_innen markierte Politiker_innen verdächtigt werden, insgeheim nur ›islamische Interessen‹ zu vertreten, klingt der Taqiyya-Topos an: »Ich glaube [...], sie hat sich verstellt und uns etwas vorgetäuscht, bis sie an die Macht kam. Also nichts Neues!«[58] Und ein anderer Leser meint: »Tja, ihre angebliche sozialdemokratische Erziehung hat sie wohl abgestreift wie eine Schlange die alte Haut. Typisch Moslem eben. Einmal Moslem immer Moslem.«[59]

Es stellt sich die Frage, welche Schlussfolgerungen aus einer solch feindseligen Wahrnehmung der muslimischen Minderheit gezogen werden. Immer wieder wird betont, dass es für Europas Zukunft besser wäre, wenn keine Muslim_innen hier leben würden. Der oben zitierte Blogger Michael Mannheimer formuliert seine Vision unmissverständlich: »Das Ziel muss [...] die vollständige Repatriierung der Muslime in die Länder sein, aus denen sie zu uns gekommen sind.«[60] In eine ähnliche Richtung argumentiert PI-Autor Michael Stürzenberger in seinem *Thesenpapier gegen die Islamisierung*. Er regt an, Muslim_innen dazu zu verpflichten, sich öffentlich von ›der Scharia‹ loszusagen und

---

55 http://www.pi-news.net/2011/09/mannheimer-in-offensive-mit-nurnberg-2-0/.

56 http://www.pi-news.net/2013/10/neue-cdu-abgeordnete-cemile-giousouf-macht-antrittsbesuch-beim-turkischen-botschafter/.

57 http://www.pi-news.net/2012/10/turkenministerin-bilkay-oney-will-kopftuch/.

58 Ebd.

59 Ebd.

60 http://michael-mannheimer.info/2011/12/25/die-islamisierung-ist-ein-genozid-am-deutschen-volk-im-sinne-der-resolution-260-der-un/.

zahlreiche Passagen des Korans zu ›streichen‹. Sollten sie dem nicht Folge leisten, so sei in einem nächsten Schritt ein Volksentscheid über ein Verbot des Islams einzuleiten:

> »Wenn der Volksentscheid zu dem Ergebnis führt, dass der Islam verboten werden soll, haben alle Muslime die freie Entscheidung, dieser Ideologie abzuschwören. [...] ›Abschwören oder Abreisen‹ heißt die Konsequenz. Für den zweiten Fall stehen genügend islamische Länder zur Auswahl.«[61]

Von den PI-Leser_innen wurden diese Vorschläge überwiegend mit großer Begeisterung aufgenommen. Zugleich wiesen zahlreiche Kommentator_innen Stürzenberger auf einen ›Denkfehler‹ in seinem Angebot an Muslim_innen, ihrer Religion abzuschwören, hin:

> »Das Problem ist nur, dass der Prophet Mohamed für solche Fälle die Taqiyya erfunden hat. Die Islamisierung würde also unverdrossen weitergehen, bis es zu spät ist. Meiner Meinung nach hilft nur ein rigoroses Verbot des Islam. Die Ausweisung aller Mohamedaner. [...] Und für alle Zeiten keine Mohamedaner mehr ins Land lassen.«[62]

Solche Diskussionsbeiträge verdeutlichen, dass auf islamfeindlichen Webseiten nicht nur die Möglichkeit einer gesellschaftlichen Partizipation von Muslim_innen *als Muslim_innen* negiert und stattdessen ihre vollständige Exklusion propagiert werden. Die Analyse der Argumentation zeigt, dass darüber hinaus auch Menschen, die zwar über ihren Namen oder ethnische Herkunft als Muslim_innen markiert sind, den Islam aber nicht praktizieren und/oder sich selbst also möglicherweise gar nicht als Muslim_in definieren, jegliche *Fähigkeit* zur Assimilation abgesprochen wird (die auf antimuslimischen Webseiten als Voraussetzung für eine Akzeptanz der Minderheit durch die Mehrheitsgesellschaft eingefordert wird). Denn qua ihres Muslim_in-Seins, dem sie dieser Wahrnehmung nach letztendlich nicht entrinnen können,

---

61 http://www.pi-news.net/2011/10/thesenpapier-gegen-die-islamisierung/. Stürzenberger, der nach Veröffentlichung dieses Artikels wegen Volksverhetzung angezeigt wurde, hat den Text später überarbeitet und die zitierte Passage gelöscht.

62 Ebd.

besteht immer die Gefahr, dass die ›Anpassung‹ nur äußerlich und damit vorgetäuscht sei.

Mobilisierungsfunktion und gesellschaftliche Auswirkungen

Unklar ist, welche Auswirkungen der in der virtuellen Welt ausgelebte Hass gegen Muslim_innen im Alltagsleben der Internet-Nutzer_innen hat. Nachweislich schaffen diese Weblogs ein Forum, um sich gegenseitig in ihrer Feindseligkeit zu bestärken. Hin und wieder werden auch Tipps zum diskriminierenden Umgang mit Muslim_innen ausgetauscht. »Nutzt jede Gelegenheit, um Muslimen zu zeigen, dass sie nicht willkommen sind«[63], so einer von unzähligen Kommentaren mit dieser Stoßrichtung. Die antimuslimischen Blogs dienen aber auch der Mobilisierung für gemeinsame Aktivitäten jenseits des Internets. Die Webseite der rechtspopulistischen und mit PI personell vernetzten *Bürgerbewegung Pax Europa* bietet beispielsweise ›Handreichungen‹ zur Verhinderung von Moscheebauvorhaben an und versucht, lokale Antimoscheebau-Initiativen zu initiieren (vgl. dazu Alexander Häusler in diesem Band).[64] Darüber hinaus wollen die islamfeindlichen Aktivist_innen ›Aufklärungsarbeit‹ leisten durch Info-Stände in Fußgängerzonen, organisiertes Auftreten bei Veranstaltungen, Verteilen von Flugblättern und Broschüren oder durch das Sammeln von Unterschriften. Gemäß dem Vorbild der Abstimmung über das Minarettverbot in der Schweiz im Jahr 2009 verfolgen sie das Ziel, den künftigen Bau von Moscheen und islamischen Einrichtungen von der Zustimmung der Mehrheitsbevölkerung abhängig zu machen und so zu verhindern.

Eine weitere Form der Mobilisierung zielt auf die Ausübung politischen Drucks und die Einschüchterung politischer Gegner_innen. Diese werden an eine Art virtuellen Pranger gestellt. Besonders plastisch wird dies auf der Webseite des Projekts *Nürnberg 2.0 Deutschland* umgesetzt, die sich als »Erfassungsstelle zur Dokumentation der systematischen und rechtswidrigen

63 Ebd.

64 Vgl. http://bpeinfo.wordpress.com/moschee-nein-danke/.

Islamisierung Deutschlands« präsentiert. Auf der Seite werden »Steckbriefe« über missliebige Personen aus Politik, Medien, Wissenschaft usw. angelegt, die »nach dem Muster des Nürnberger Kriegsverbrecher-Tribunals von 1945« irgendwann einmal für ihre Mitwirkung an der »Islamisierung Deutschlands« zur Rechenschaft gezogen werden sollen.[65] Michael Mannheimer bewirbt das Projekt *Nürnberg 2.0* auf seinem Blog mit einer Drohung:

> »Den Verantwortlichen sei gesagt: Wir werden die Namen der Verräter erfassen. Ob es sich um kleine Schreiberlinge in irgendwelchen Redaktionsstuben, um Chefredakteure, um Verlagsleitungen, um verlogene, zum Islam konvertierte Islamwissenschaftler, um Politiker oder um Parteien, Verbände und Institute handelt.«[66]

Auch im Zusammenhang mit Artikeln über politische Feinde, in denen keine unmittelbaren Drohungen artikuliert werden, sind verbale Aggressionen häufig die Folge. Auf PI und anderen islamfeindlichen Blogs werden regelmäßig die E-Mail-Adressen der als ›Totengräber des Abendlandes‹ Attackierten veröffentlicht, mit der impliziten Aufforderung, die Betreffenden mit E-Mails zu überfluten. Die Strategie der orchestrierten Empörung findet durchaus Anklang, wie ein Kommentar zum Projekt *Nürnberg 2.0 Deutschland* auf der Webseite von Michael Mannheimer zeigt:

> »Macht UNBEDINGT einen Internetpranger (z.B. wo auf muselfreundliche Berichterstattung verlinkt wird) inklusive der Telefonnummer der Verantwortlichen. So kann man bei denen sturmklingeln. In Amerika klappt das auch schon. Da gibt es dann eine Gruppe von ca. 500 hilfsbereiten Mitklinglern, die bei den TV-Redaktionen/Zeitschriften an einem Tag anrufen und dadurch mehr schocken/erreichen als Forumskommentare es je könnten!«[67]

Eine andere Form der Mobilisierung lässt sich in den Kommentarforen der online zugänglichen Zeitungen beobachten. Sobald

65 http://wiki.artikel20.com/index.php?n=Main.HomePage.
66 http://michael-mannheimer.info/2011/09/05/leugner-und-unterstutzer-der-islamisierung-werden-bald-zur-verantwortung-gezogen-werden/.
67 http://michael-mannheimer.info/2012/08/14/nurnberg2-0-uberragende-resonanz-bei-burgern-in-ganz-europa/.

dort ein Artikel zum Thema Islam erscheint, kommentieren PI-Nutzer_innen zahlreich, um das Meinungsbild der Leser_innen zu ihren Gunsten zu beeinflussen.

Angesichts des Ausmaßes, den der im Internet propagierte antimuslimische Rassismus mittlerweile annimmt, und des Radikalisierungspotenzials, das das auf einer ideologisch gefestigten Islamfeindlichkeit basierende Weltbild im Extremfall – wie das Beispiel Anders Behring Breivik zeigt – birgt, fallen die Reaktionen von Politik und Zivilgesellschaft darauf bislang eher zurückhaltend aus. Zwar stuft der bayerische Verfassungsschutz die Münchner PI-Gruppe um Michael Stürzenberger mittlerweile als »verfassungsschutzrelevante islamfeindliche Bestrebungen außerhalb des Rechtsextremismus« ein und beobachtet diese[68], die Bundesregierung gelangte jedoch im Juni 2014 in einer Antwort auf eine ›Kleine Anfrage‹ der Partei *Die Linke* zu dem Schluss, dass derzeit »nur wenige tatsächliche Anhaltspunkte für die Existenz einer solchen verfassungsschutzrelevanten Islamfeindlichkeit als eigenständigem Phänomen vor[liegen]«.[69] Ein Jahr zuvor nahm die Bundesregierung auch zu PI Stellung:

> »Auf dem Web Blog ›Politically Incorrect‹ wird regelmäßig – teilweise auch in reißerisch-populistischer Manier – über politische Themen wie Ausländerkriminalität, Salafismus und Islamisierung geschrieben. Die darauf erfolgenden Leserkommentare beinhalten nicht selten auch verunglimpfende Äußerungen. Ein deutlich islamkritischer Gesamttenor ist insoweit unverkennbar. Einzelne explizite Äußerungen lassen einen fremden- bzw. islamfeindlichen Hintergrund erkennen.«[70]

Diese Bewertung, die PI-Kampfbegriffe wie ›Islamisierung‹ verharmlosend und ohne distanzierende Anführungszeichen als legitimes »politisches Thema« einordnet und den offenen Rassismus nur in »einzelnen Leserkommentaren« zu erkennen vermag, verkennt das ideologisch geschlossene antimuslimische

68 http://www.verfassungsschutz.bayern.de/imperia/md/content/lfv_internet/islamfeindlichkeit_als_verfassungsfeindliche_str_mung.pdf.

69 http://dip21.bundestag.de/dip21/btd/18/016/1801627.pdf.

70 http://dip21.bundestag.de/dip21/btd/17/136/1713686.pdf.

und islamfeindliche Weltbild, das auf dieser und vergleichbaren Webseiten propagiert wird – und zwar nachweislich nicht nur in den Kommentarbereichen, sondern ebenso in zahllosen redaktionell eingestellten Artikeln. Auch die Bundesprüfstelle für jugendgefährdende Medien und die ihr zuarbeitende Kommission für Jugendmedienschutz, die den gesetzlichen Auftrag haben, »unsittliche, verrohend wirkende, zu Gewalttätigkeit, Verbrechen oder Rassenhass anreizende Medien« zu indizieren und damit deren Verbreitung und Bewerbung einzuschränken, konnten auf PI bislang keine »jugendgefährdenden Inhalte finden, die eine Aufnahme in die Liste der jugendgefährdenden Medien bei der Bundesprüfstelle begründet hätten«. Die Prüfung über einen längeren Zeitraum hätte ergeben, dass dort »keine Hetze gegen andersdenkende Personen oder bestimmte Personengruppen, wie z.B. Moslems, betrieben [wird]. Auch Aufrufe zu Gewalt- und Willkürmaßnahmen gegenüber bestimmten Personengruppe sowie zu Rassenhass anreizende Aussagen wurden nicht gefunden.«[71]

Solche Einschätzungen verdeutlichen, dass eine gesamtgesellschaftliche Auseinandersetzung mit dem Phänomen des antimuslimischen Rassismus noch aussteht, denn nicht nur seine aktive Propagierung, sondern auch die Unfähigkeit, ihn zu erkennen, stellen ein gesellschaftspolitisches Problem dar.

71 E-Mail-Auskunft der Kommission für Jugendmedienschutz vom 9.4.2013 und 15.4.2013.

Alexander Häusler

Das rechte Akteursfeld im antimuslimischen Rassismus

Der weit verbreitete antimuslimische Rassismus dient der extremen Rechten in Europa dazu, ihren Rassismus mehrheitskompatibel zu verbreiten. Im folgenden Teil werden die Wandlungsprozesse in der extrem rechten und rechtspopulistischen Parteienlandschaft und in rechten Bewegungen in Europa beschrieben und analysiert.[1] *Rechtsextremismus*[2] sowie der hier verwendete Begriff *extreme Rechte*[3] können als Sammelbegriffe für die Bündelung autoritärer, nationalistischer und rassistischer Gesellschaftsvorstellungen verstanden werden. Der Begriff der extremen Rechten umfasst das gesamte politische Rechtsaußen-

---

1 Der folgende Textabschnitt fußt auf Vorarbeiten, die ich an anderer Stelle veröffentlicht habe. Vgl. Häusler, Alexander: *Antimuslimischer Rechtspopulismus – ein Markenzeichen der modernisierten extremen Rechten in Europa*, in: Peter Bathke/Anke Hoffstadt (Hrsg.): *Die neuen Rechten in Europa. Zwischen Neoliberalismus und Rassismus*, Köln 2013; Häusler, Alexander: *Muslimfeindlichkeit als rechtes Einfallstor*, 2014, by-nc-nd/3.0/de/ Autor: Alexander Häusler für bpb.de; Häusler, Alexander/Roeser, Rainer: *Geliebter Feind? Islamismus als Mobilisierungsressource der extremen Rechten*. In: Thorsten Gerald Schneiders (Hrsg.): *Salafismus in Deutschland. Ursprünge und Gefahren einer islamisch-fundamentalistischen Bewegung*, i.E.

2 Vgl. Roth, Roland: *Demokratie braucht Qualität! Beispiele guter Praxis und Handlungsempfehlungen für erfolgreiches Engagement gegen Rechtsextremismus*, Berlin 2010, 14f.; Decker, Oliver/Weißmann, Marliese/Kiess, Johannes/Brähler, Elmar: *Die Mitte in der Krise. Rechtsextreme Einstellungen in Deutschland*, Berlin 2010, 18.

3 Vgl. Braun, Stephan/Geisler, Alexander/Gerster, Martin: *Die extreme Rechte. Einleitende Bemerkungen*. In: dies. (Hrsg.): *Strategien der extremen Rechten. Hintergründe – Analysen – Antworten*, Wiesbaden 2009, 9; Hafeneger, Benno/Schönfelder, Sven: *Politische Strategien gegen die extreme Rechte in Parlamenten. Folgen für die kommunale und lokale Demokratie*, Berlin 2007, 15f.; Botsch, Gideon: *Die extreme Rechte in der Bundesrepublik Deutschland 1949 bis heute*, Darmstadt 2012.

Spektrum von der Grauzone zwischen rechtskonservativen und rechtsextremen Zirkeln bis hin zu offen neonazistischen Szenen und misst sich nach folgenden inhaltlichen Zuordnungskriterien:

- völkisch-nationalistische Ausprägungen
- rassistische und antisemitische Ausprägungen
- autoritäre Politikvorstellungen
- Ablehnung des gesellschaftlichen Gleichheitsprinzips
- Diskriminierung von Minderheiten
- Ethnisierung / Nationalisierung sozialer und ökonomischer Problemlagen

Als Sammelbegriff für sowohl extrem rechte wie auch rechtspopulistische sowie rechtspopulistisch beeinflusste Parteien findet zudem der Begriff der *Rechtsaußenparteien* Verwendung für entsprechende »Parteien rechts von den Unionsparteien«.[4]

Antimuslimischer Rassismus in der extremen Rechten

Identitätsbildend für die extreme Rechte sind ihr Nationalismus und ihr Rassismus. Weil jedoch mit offen rassistischen Parolen besonders im bürgerlichen Lager Wählerschichten verschreckt werden, haben viele Rechtsaußenparteien in Europa ihren Rassismus auf die Sphären der Kultur und der Religion übertragen: Anstelle biologistischer *Rasse*-Konstruktionen treten nun Glaubens- und kulturelle Identitätsfragen: »Abendland in Christenhand« – mit dieser Parole inszenierten etwa die extrem rechten PRO-Parteien (*pro Köln/pro NRW/pro Deutschland)* im Frühjahr 2010 ihren Landtagswahlkampf in Nordrhein-Westfalen.[5] Der Slogan war ursprünglich von der *Freiheitlichen Partei Österreichs* (FPÖ) ein Jahr zuvor im österreichischen Wahlkampf zur Europawahl verwendet worden.[6]

---

4 Vgl. Steglich, Henrik: *Rechtsaußenparteien in Deutschland. Bedingungen ihres Erfolges und Scheiterns*, Göttingen 2010, 88.

5 Pro NRW-Wahlkampfportal »Abendland in Christenhand«, http://www.abendland-in-christenhand.de (06.02.2012).

6 Vgl. Werner A. Perger: »Abendland in Christenhand«, In: Die Zeit (30.04.2009), http://www.zeit.de/online/2009/18/europawahl-rechtspopulismus (27.12.2011).

Vor dem Hintergrund der realen Gefahr des terroristischen Islamismus und der Debatte über die Stellung des Islams in Europa bietet sich das Reizthema ›Islam‹ für öffentlichkeitswirksame Kampagnen der europäischen Rechtsaußenparteien geradezu an.

Aus der Angst um den Verlust von Zugehörigkeit und sozialer Sicherheit versucht die extreme Rechte, politisch Kapital zu schlagen. Das Rechtsaußenspektrum der europäischen Parteien tritt mit einer Kulturkampf-Rhetorik in Erscheinung, die trotz sonstiger Unterschiede offen rassistische und extrem rechte Parteien wie etwa den belgischen *Vlaams Belang* (VB) mit islamophoben rechtspopulistischen und neoliberalistischen Parteien wie etwa die *Partij voor de Vrijheid* (PVV) in den Niederlanden oder die *Dänische Volkspartei* (DF) miteinander verbindet.[7] Im Zentrum dieser Rhetorik steht die Mär vom ›Untergang des Abendlandes‹ durch die ›Islamisierung Europas‹. Der österreichische FPÖ-Nationalratsabgeordnete Eduard Manoni bezeichnete in einem Interview diese Strategie als »Geschäft mit der Angst«.[8]

Die extreme Rechte nutzt den antimuslimischen Rassismus, um ihren Rassismus im Kontext weit verbreiteter Vorurteile gegenüber dem Islam mehrheitsfähig zu machen. Er ist als Legitimationsinstrument zur Abwehr sozialer Teilhabemöglichkeiten von als Muslim_innen Markierten zu deuten. Zugleich dient der antimuslimische Rassismus den Parteien der extremen Rechten in Europa zur Verschleierung ihrer ursächlich rassistisch motivierten Kampfansage an multikulturell verfasste Gesellschaften. Trendsetter einer solchen, sich als demokratisch inszenierenden Politik der Feindbilder ist der niederländische Rechtspopulist Geert Wilders, der sich als ›Freiheitskämpfer‹ bezeichnet und seine ausgrenzenden und diskriminierenden Forderungen als demokratisch zu verkaufen versucht. So beschwört Wilders die ›Europäisierung‹ als Bedrohung nationaler Identität. Ein

7 Vgl. Mudde, Cas: *Populist radical right parties in Europe*, Cambridge 2007, 84.
8 Mainoni, Eduard: *Interview mit Oliver Geden*. In: Geden, Oliver: *Diskursstrategien im Rechtspopulismus*, Wiesbaden 2006, 144.

solches Identitätsverständnis wird nationalistisch hergeleitet: »Die nationale Identität bindet ein Individuum an ein Erbe, eine Tradition, eine Loyalität und eine Kultur.«[9] Damit erweist sich der Rekurs von Wilders auf den Begriff der nationalen Identität als Anknüpfung an die Neue Rechte, die schon in den 1980er Jahren versuchte, dieses Schlagwort als rechten Kampfbegriff in den öffentlichen Diskurs einzuführen. Vorreiter war der dem Schoß der NPD entsprungene nationalrevolutionäre Vordenker Henning Eichberg, dessen 1978 erschienenes Buch *Nationale Identität* als Fibel neurechter Bewegungen in der BRD galt: »Wer von den Völkern nicht sprechen will, soll von den Menschen schweigen«[10], so Eichberg darin. Eine solche neurechte Identitätssetzung kennzeichnet auch den Rechtspopulismus des 21. Jahrhunderts, der seinen nationalistischen Antiuniversalismus als ›Verteidigung nationaler Souveränität‹ zu ummanteln versucht.

Zusammenfassend kennzeichnen folgende Merkmale den antimuslimischen Rassismus der extremen Rechten:

- Gleichsetzung von ethnischer Herkunft und Glauben sowie von Ethnie und Kultur
- Behauptung ethno-kultureller Unvereinbarkeit (›Abendland statt Morgenland‹)
- Überschneidung von kulturellen mit demografischen Untergangsprophezeiungen (›demografische/kulturelle Landnahme‹)
- Pauschalzuschreibung unabänderlicher Wesensmerkmale (frauenfeindlich, unehrlich, machtbesessen etc.)
- Muslim = Ausländer = Islamist = Eroberer

Ein zentraler Kampfbegriff der antimuslimischen extremen Rechten in Europa heißt ›Eurabia‹. Dieser Begriff gilt in jenen Kreisen als Synonym für die arabisch-muslimische ›Landnahme‹ Europas. Er setzt sich zusammen aus den englischen Begriffen

---

9 Wilders, Geert: Rede in Berlin im September 2011, http://www.diefreiheit.org/rede-von-geert-wilders-am-3-september-2011-in-berlin/ (24.02.2012).

10 Eichberg, Henning: *Nationale Identität. Entfremdung und nationale Frage in der Industriegesellschaft*, München/Wien 1978, 126.

europe und *arabia*. Der Begriff wurde populär gemacht durch die britische Autorin Gisèle Littman, die im Jahr 2005 unter dem Pseudonym Bat Ye'or das Traktat *Eurabia: The Euro-Arab Axis* veröffentlichte.

Um ihren Rassismus zu verschleiern, bezeichnen sich viele Akteur_innen der extremen Rechten als ›Islamkritiker‹. Doch diese angebliche Islamkritik ist nicht durch eine legitime Auseinandersetzung mit religiösem Fundamentalismus gekennzeichnet, sondern speist sich schlicht aus der rassistischen Abwertung von Muslim_innen. Das eigentliche Feindbild der extremen Rechten, die multikulturell verfasste Einwanderungsgesellschaft, kann dadurch mit scheinbar ›aufgeklärten‹ Argumenten bedient werden. Ein derartiges Argumentationsmuster offenbart der politische Vordenker des VB, Filip Dewinter, in seinem im Jahr 2010 in deutscher Sprache im der FPÖ nahestehenden Aula-Verlag veröffentlichten Buch *Insch'Allah. Die Islamisierung Europas*. Dewinter prangert darin zunächst den Islam als Eroberungsreligion an, um daran anschließend die Muslim_innen als nicht zugehörig zu Europa zu etikettieren. Diese Ausgrenzung wird abgeleitet aus einem völkischen Kulturverständnis:

> »Unsere Identität kommt zum Ausdruck durch die Art und Weise, wie wir unsere Kultur leben: wie und was wir essen und trinken, wie wir uns in Vereinen zusammenschließen, Sport treiben, den Unterricht organisieren und vieles andere mehr. Ein Volk unterscheidet sich in vielen Einzelheiten von anderen Volksgemeinschaften. Wichtiger als alle erwähnten Elemente ist der gemeinsame Wille, ein Volk zu bilden und das Gefühl, zu einem Volk zu gehören. Viele Allochthone sind keine Deutschen, Flamen, Dänen usw., weil sie von den Autochthonen oft nicht als solche gesehen werden und vor allem, weil sie sich selbst nicht als Deutsche, Flamen oder Dänen betrachten.«[11]

Der Multikulturalismus wird dabei von Dewinter gebrandmarkt als eine »umgekehrte Kolonisation« hin zu einem »neuen Monokulturalismus« in Gestalt des Islams, »bei dem die alte, ursprüngliche Lebensweise einfach durch die Importkultur der

11 Filip Dewinter: *Inch'Allah? Die Islamisierung Europas*, Graz 2010, 101. Im Folgenden zitiert als Dewinter 2010.

fremden Zuwanderer ersetzt wird«.[12] Der Multikulturalismus sei »das trojanische Pferd des Islams«[13] sowie zugleich der »neue Kommunismus«:

> »Letztendlich sind die Ziele des Kommunismus und des Multikulturalismus gleich. Beide streben die Gleichschaltung von Kulturen und Völkern an, wie auch die Schaffung eines neuen Menschen, der nicht länger von seinem kulturellen Umfeld geprägt, sondern multikulturell erzogen ist.«[14]

Dewinters Thesen weisen typische Merkmale rechtsextremer Feindbildsetzungen auf: Die Linke, die Zuwanderung und der Multikulturalismus als ›Zersetzer‹ der ›Volksgemeinschaft‹ und der Islam als deren ›trojanisches Pferd‹ – derartige Verschwörungstheorien prägen die Stoßrichtung vieler antimuslimischer Traktate. Zugleich versucht Dewinter, seine rassistischen Thesen als Kampf um demokratische Meinungsfreiheit gegen eine multikulturelle »Samtdiktatur« zu verkaufen:

> »Der Multikulturalismus weist jede Menge diktatorischer Merkmale auf: die Einschränkung der freien Meinungsäußerung, die Einführung des Meinungsdelikts und spezieller Sanktionen. Zensur, Berufsverbot, Boykott, ›politisch korrekte‹ Neusprache, Indoktrinierung über Medien und Unterricht usw.«[15]

Hier findet sich ein zentrales Merkmal rechter Modernisierung: Die rechtspopulistisch modernisierte Rechte munitioniert sich mit der selektiven Inanspruchnahme demokratischer Instrumentarien. Bürgerbeteiligung und Volksbegehren werden instrumentalisiert für politische Kampagnen gegen Minderheitenrechte. Mit taktisch motivierten, gezielt gesetzten Bezugnahmen auf individuelle Freiheitsrechte – von der Glaubensfrage über die sexuelle Orientierung bis hin zum Feminismus – vollzieht die modernisierte Rechte argumentativ eine Hinwendung zu den Milieus liberal-demokratisch orientierter Mittelschichten.

---

12 Ebd., 102 f.
13 Ebd., 105.
14 Ebd., 107 f.
15 Ebd., 127.

Rechtspopulistische Inszenierungsformen sind im Rechtsaußenspektrum weit verbreitet und reichen von der extremen Rechten bis hinein in den Nationalkonservatismus und Nationalliberalismus.

Muslimfeindlicher Dammbruch von Rechtsaußen

Seit dem von der *Schweizerischen Volkspartei* (SVP) im Jahr 2009 erfolgreich initiierten Referendum gegen den Minarettbau in der Schweiz und dem Aufstieg der *Partij voor de Vrijheid* (PVV) von Geert Wilders in den Niederlanden gilt der antimuslimische Rechtspopulismus im Lager der Rechtsaußenparteien in Europa als Garant für Wählerstimmen. Die Erfolge von Wilders haben in den Niederlanden zu einem »populistischen Dammbruch« geführt, der zu einem gesellschaftlichen Riss in der Bevölkerung und zu einer Fragmentierung der etablierten Volksparteien geführt hat.[16] Traditionell extrem rechte Parteien wie der *Front National* (FN) unter Marine Le Pen bedienen sich ebenso des antimuslimischen Rechtspopulismus' wie die rechtskonservative SVP.[17] Die Grußbotschaft des SVP-Funktionärs Oskar Freysinger an die Initiator_innen einer sogenannten Anti-Minarettkonferenz in Nordrhein-Westfalen offenbart die rechtspopulistische Rhetorik eines antimuslimischen Kampagnenrassismus:

> »Es weht ein Wind des Aufruhrs durch Europa! Die freiheitsliebenden Bürger wollen wieder ernst genommen werden und ihr Schicksal selber in die Hand nehmen. Sie wollen keine Symbole fremder Herrschaftsgelüste in ihren Städten sehen. Sie wehren sich gegen

---

16 Vgl. Cuperus, Rene: *Der populistische Dammbruch. Die niederländischen Volksparteien unter Druck*. In: Friso Wielenga/Florian Hartleb (Hrsg.): *Populismus in der modernen Demokratie. Die Niederlande und Deutschland im Vergleich*, Münster 2011, 163-178.

17 Vgl. Ivaldi, Gilles/Swyngedouw, Marc: *Rechtsextremismus in populistischer Gestalt: Front National und Vlaams Blok*. In: Frank Decker (Hrsg.): *Populismus. Gefahr für die Demokratie oder nützliches Korrektiv?*, Wiesbaden 2006, 121-143; Frölich-Steffen, Susanne: *Rechtspopulistische Herausforderer in Konkordanzdemokratien. Erfahrungen aus Österreich, der Schweiz und den Niederlanden*. In: Ebd., 144-164.

die lautstarke Verkündigung eines einzig seligmachenden Dogmas. Sie wollen keine Bajonette aufpflanzen lassen, in deren Schatten Hassprediger ihr Unwesen treiben und Frauen versklavt werden. Ein kleines, unabhängiges Volk zeigte den Weg. Das weiße Kreuz auf rotem Grund sei euer Wegweiser. Es lebe die Freiheit!«[18]

Die FN-Führerin Marine Le Pen verurteilte im Dezember 2010 vor Parteianhänger_innen öffentliche Gebete von Muslim_innen und verglich diese mit der Besatzung Frankreichs durch Nazi-Deutschland: »Sicher geschieht dies ohne Panzer und ohne Soldaten, aber trotzdem ist es eine Besatzung, und betroffen sind die Einwohner«[19], erklärte sie.

Bei Parteien wie der FPÖ wird der antimuslimische Rassismus gar in Comics jugendgerecht verpackt: So gab FPÖ-Parteichef Strache 2013 im Wahlkampf einen Comic mit dem Titel *Sagen aus Österreich* heraus, in dem die Comicfigur *HC-Man* u.a. gegen Türk_innen und Muslim_innen in Erscheinung tritt. Das Kürzel HC steht für Straches Vornamen Heinz-Christian. In dem *Sagenbuch* stellen *die Freiheitlichen* Bezüge aktueller Zuwanderung zur kriegerischen Belagerung Ostösterreichs durch osmanische Truppen im 16. Jahrhundert her. »Wir Weana lassen unsere Stadt net von Radikalislamisten unterwandern!«, sagt eine Comicfigur, worauf eine andere antwortet: »Eh kloar! Die solln sich schleichn!«[20]

Während der Antisemitismus in der Vergangenheit bei der FPÖ ebenso wie auch bei anderen extrem rechten Parteien offen artikuliert wurde, ist im Kontext der Hinwendung zum Thema Islam in diesem Spektrum eine Tendenz erkennbar, den Staat Israel zu einem ›Bollwerk des Westens gegen den Islam‹ zu instrumentalisieren. Eine propagandistisch offensive Hinwendung zu rechten Kreisen in Israel zeigte sich Ende des Jahres 2010: In Begleitung von Vertreter_innen der rechtspopulistischen *Schwe-*

18 Freysinger, Oskar: *Grußbotschaft zur Antiminarettkonferenz von PRO NRW am 27.03.2010 in Gelsenkirchen*, http://www.abendland-in-christenhand.de/?p=472 (27.12.2011).

19 Vgl. http://www.zeit.de/politik/ausland/2013-07/marine-le-pen-immunitaet-strafverfahren-frankreich (20.06.2014).

20 Vgl. Hafez, Farid: *Islamophober Populismus. Moschee- und Minarettbauverbote österreichischer Parlamentsparteien*, Wiesbaden 2010.

dendemokraten und der rechtspopulistischen deutschen Partei *Die Freiheit* reisten der FPÖ-Führer Heinz-Christian Strache und der VB-Vordenker Filip Dewinter im Dezember 2010 auf Einladung rechtsgerichteter israelischer Politiker_innen nach Israel und verfassten dort eine *Jerusalemer Erklärung*. Darin bekennen sich die Autor_innen zum Existenzrecht Israels und zu »jüdisch-christlichen kulturellen Werten« und der Islam wird »als ein totalitäres System mit dem Ziel der Unterwerfung der Welt« gebrandmarkt[21]. Die bekundete vermeintliche Solidarität mit Israel beinhaltet den Versuch, eine politische Allianz mit rechtsgerichteten Strömungen in Israel zu schmieden, und sich dadurch zugleich eine Form von politischem »Persilschein« abzuholen, wie es Ariel Muzicant, Präsident der israelitischen Kultusgemeinde Wien, in Bezug auf die FPÖ sarkastisch ausdrückte[22]. Seitens der FPÖ erläuterte deren damaliger Europaabgeordneter Andreas Mölzer den Sinn dieser Erklärung:

> »Jene, die bislang glaubten, das Monopol auf die Freundschaft mit Israel und den geistigen Austausch mit dem Judentum zu haben, sind nun womöglich beleidigt, dass auch die ach so bösen Rechtspopulisten ein Faktor in diesen Beziehungen geworden sind.«

Zugleich stellt Mölzer gegenüber der antisemitisch orientierten Basis in der Heimat klar, dass damit frühere Positionierungen nicht aufgegeben worden sind:

> »Und auch den wirklichen Zweiflern aus den Reihen des nationalen Lagers in Österreich selbst sei gesagt: Strache ist nicht Gianfranco Fini! Auch wenn er den Ausgleich mit Israel und dem Judentum sucht[,] wird er deshalb nicht, wie der Italiener, die eigene Gesinnung und die eigene Gesinnungsgemeinschaft verraten.«[23]

Programmatisch jedoch vollzieht die FPÖ in ihrem neuen Parteiprogramm vom 18. Juni 2011 einen Schwenk hin zu kulturreligiösen, zum Teil gar philosemitischen Bekenntnissen: Im Pro-

21 *Jerusalemer Erklärung*, http://www.diefreiheit.org/jerusalemer-erklarung/ (13.02.2012).

22 Muzicant, Ariel: *»Strache will Persilschein«*. In: Die Presse (07.12.2010).

23 Mölzer, Andreas: *Wem gehört Israel?*, http://andreasmoelzer.wordpress.com/2010/12/09/wem-gehort-israel/ (13.02.2012).

gramm findet sich das Bekenntnis zum »Kultur-Christentum« und zu dessen Prägungen durch das Judentum.[24]

Inhaltlich zugespitzt sind solche Parolen von der Leitfigur des europäischen Rechtspopulismus, Geert Wilders, zu hören. Der Kopf der niederländischen PVV legt Wert darauf, sich in der Öffentlichkeit jenseits der extrem rechten Parteienlandschaft zu verorten. Jedoch verweisen seine Positionen deutlich auf ein extrem rechtes Gesellschaftsbild. So verkündete Wilders etwa auf der *Facing Jihad Conference* in Jerusalem, zu welcher der rechtsnationale Knesset-Abgeordnete Aryeh Eldad Ende 2008 eingeladen hatte:

> »Die Essenz meines kurzen Vortrags heute ist, dass Europa sich im Prozess der Islamisierung befindet, und dass wir diese bekämpfen müssen. Denn, wenn wir die Islamisierung nicht bekämpfen, werden wir alles verlieren: Unsere kulturelle Identität, unsere Demokratie, unseren Rechtsstaat, unsere Freiheiten, unsere Unabhängigkeit.«[25]

In einem Interview mit der *FAZ* deutete er die »Islamisierung« als einen »Krieg, der mit den Waffen Demographie und Masseneinwanderung« geführt würde und als solcher gestoppt werden müsse[26].Der europäische Rechtspopulismus sucht in Deutschland geeignete Kooperationsmöglichkeiten. In seiner Rede zum Wahlkampf der rechtspopulistischen Partei *Die Freiheit* im September 2011 verdeutlichte Wilders dieses Anliegen: »Deutschland braucht eine rechte Partei, die nicht belastet ist mit Neonazi-Verbindungen und durch Antisemitismus, sondern die anständig und respektabel und auch standfest ist.«[27]

---

24 Parteiprogramm der FPÖ (18.06.2011), http://www.fpoe.at/dafuer-stehen-wir/partei-programm/ (13.02.2012).

25 Wilders, Geert: *Rede in Jerusalem vom 14. Dezember 2008,* http://www.pi-news.net/2008/12/rede-von-geert-wilders-in-jerusalem/ (13.02.2012).

26 Wilders, Geert: *»Eine Waffe im Krieg der Islamisierung«*, Interview. In: *FAZ* (20.03.2009), http://www.faz.net/aktuell/politik/interview-mit-geert-wilders-eine-waffe-im-krieg-der-islamisierung-1922094.html (13.02.2012).

27 Wilders, Geert: *Rede zum Wahlkampf der Partei Die Freiheit in Berlin am 03.09.2011*, http://www.diefreiheit.org/rede-von-geert-wilders-am-3-september-2011-in-berlin/ (13.02.2012).

Deutschlands antimuslimische Rechte

Hierzulande war bislang noch keine antimuslimische Rechtsaußenpartei nachhaltig erfolgreich. Neben den PRO-Parteien und der Partei *Die Freiheit*, bedienen unterschiedliche Freie Wähler_innengemeinschaften und Vereine den antimuslimischen Rassismus. So etwa der bundesweit aktive Verein *Bürgerbewegung Pax Europa*, der politisch eng an die Partei *Die Freiheit* angebunden ist. Informations- und Propagandaplattform für diese Gruppierungen ist der Weblog *Politically Incorrect* (PI), das größte deutschsprachige Internetportal mit offen rassistischer Stoßrichtung (s. hierzu die Ausführungen von Yasemin Shooman in diesem Band).

Die PRO-Parteien haben ihren angestammten Platz im Spektrum der extremen Rechten: Entstanden im Jahr 1996 als damalige Parallelorganisation der *Deutschen Liga für Volk und Heimat* (DL) erprobt diese Gruppierung den Einbruch von Rechtsaußen in die politische Mitte. Die PRO-Parteien mit ihrer Ursprungsformation *PRO Köln* und ihren Exportmodellen *PRO NRW* und *PRO Deutschland* sind eine Wahlgruppierung der extremen Rechten, die getarnt als ›Bürgerbewegung‹ versucht, sich von der Domstadt Köln aus in Nordrhein-Westfalen und darüber hinaus in ganz Deutschland auszubreiten. Ihre Vertreter_innen haben sich in öffentlichen Verlautbarungen wiederholt selbst als rechtspopulistisch bezeichnet, um sich von ihrer Herkunft aus dem Lager der extremen Rechten begrifflich abzusetzen. Zentrales Merkmal ihrer rechtspopulistischen Inszenierungen ist ein kampagnenorientierter antimuslimischer Kulturrassismus. Diese Kampagnenorientierung drückt sich praktisch aus in rechtspopulistischen Aufgeboten auf kommunaler Ebene in Form von Bürgerbegehren und Aufmärschen gegen Moscheebauprojekte und Migrant_innenvereinigungen. Unterstützung erhalten die PRO-Parteien von der FPÖ und dem VB. Doch größere wahlpolitische Erfolge außerhalb ihrer Ursprungsstadt Köln konnten die PRO-Parteien bislang nicht erzielen. In der Vergangenheit gehörten revisionistische Flugblätter und antijüdische Verlautbarungen zum typischen Erscheinungsbild der Kölner Rechtsaußenpartei und deren Vorläuferorganisation *Deutsche Liga für Volk und Heimat*[28]. Doch im Januar 2009 tauchte erstmals eine israelische Fahne auf einer Kundgebung von *PRO Köln* gegen den geplanten Moscheebau im Kölner Stadtteil Ehrenfeld auf. Die anwesenden Anhänger_innen des rassistischen Web-Blogs PI positionierten an der Absperrung vor der Moscheebaustelle ein Transparent mit der Aufschrift »Solidarität für Israel«. Gegen einen »importierten Antisemitismus« protestierte *PRO Köln* im Rat der Stadt mit deutlich rechtspopulistischem Unterton dann im September 2009. Von der Stadtverwaltung wurde die Erstellung eines »Maßnahmenkatalogs gegen Antisemitismus« gefordert, und dabei hieß es: »Die größte Bedrohung für Mitbürger jüdischen Glaubens geht heute nicht von ein paar versprengten Rechtsextremisten, sondern von dem importierten Antisemitismus zugewanderter islamistischer Migranten aus.« Daraus wird dann die Forderung abgeleitet: »Gegen orientalische Großmoscheen, Hassprediger, Minarette, Muezzinrufe, importierten Antisemitismus und Parallelgesellschaften kämpfen!«[29] Diese, den deutschen Antisemitismus verharmlosende Verschiebung auf Muslim_innen ist jedoch keine Erfindung von *PRO Köln*: Das Schlagwort vom »importierten Antisemitismus« wie der Inhalt des Antrages wurden von den Republikanern (REP) kopiert. Schon einen Monat vorher hatten die REP ein »bundesweites Sofortprogramm gegen den Antisemitismus« gefordert. REP-Chef Rolf Schlierer forderte darin: »Judenfeindlichkeit muslimischer Einwanderer darf nicht länger ignoriert werden« und brachte in populistischer Manier das erwähnte Schlagwort auf die Agenda: »Die größte Bedrohung für unsere jüdischen

28 So wird etwa im Verfassungsschutzbericht des Landes Nordrhein-Westfalen aus dem Jahr 2002 auf Solidaritätsbekundungen von PRO Köln mit dem später verstorbenen FDP-Politiker Jürgen Möllemann bei dessen antisemitisch motivierten Äußerungen gegenüber Michel Friedman verwiesen: Verfassungsschutz NRW: Zwischenbericht, Düsseldorf 2002, 19.

29 Bürgerbewegung PRO Köln: Pro Köln fordert von der Kölner Verwaltung einen Maßnahmenkatalog gegen Antisemitismus, 30. September 2009, http://archiv.pro-koeln.org/artikel09/300909_antisemitismus.htm (13.02.2012).

Mitbürger geht heute vom importierten Antisemitismus muslimischer Einwanderer aus.«[30] Seither wird von den Protagonist_innen der PRO-Parteien regelmäßig auf deren angeblich pro-jüdische und israelfreundliche Gesinnung verwiesen, um damit zu belegen, dass man weder rassistisch noch rechtsextrem orientiert sei. Mittels rechtspopulistischer Kampagnen versuchen die PRO-Parteien, die vorherrschende emotionalisierte Auseinandersetzung um Islam und Integration nach Rechtsaußen zu kanalisieren. Deutliches Merkmal hierfür ist eine medienorientierte politische Inszenierungsstrategie, die auf Eskalation und Diskursverschiebung ausgerichtet ist. Der im September 2008 veranstaltete *Anti-Islamisierungkongress* in Köln sollte als erster propagandistischer Auftakt der beschworenen europäischen Front gegen ›die Islamisierung‹ dienen. Hier offenbarte der ehemalige CDU-Bundestagsabgeordnete und heutige Vorsitzende der Bürgerbewegung *PRO Sachsen*, Henry Nitzsche, deren nationalistische und rassistische Stoßrichtung: »Wir leisten Widerstand! Wir wollen keine Islamisierung Deutschlands! Wir sind Deutsche und Gott denkt in Nationen und deshalb: Für Gott, für Deutschland, für unser Vaterland!«[31] Diese antimuslimische Hetze ist bei der Partei zum Markenzeichen geworden. Zugleich wird versucht, diese Hetze als legitime Form von ›Kritik‹ zu inszenieren: »Islamkritik für ganz Deutschland: Europawahlantritt von *pro NRW* mit Ihrer Unterschrift unterstützen!« – mit diesem Slogan mobilisierte *PRO NRW* zur Europawahl 2014.[32] Die instrumentelle Stoßrichtung solcher Kampagnen offenbarte der Parteivorsitzende Markus Beisicht in einem Interview mit der neurechten Wochenzeitung *Junge Freiheit*:

30 Schlierer, Rolf: *»Judenfeindlichkeit muslimischer Einwanderer darf nicht länger ignoriert werden«*. Die Republikaner, Bundesgeschäftsstelle. Pressemitteilung Nr. 45/09 vom 21.09.09, http://www.rep.de/?ObjectID=c45ca7f4-fdc0-4a89-b05a-184-bfd049a49&ArticleID=d703434f-d01c-43e5-b054-fde54aaac248 (13.02.2012).

31 Nitzsche, Henry: frei gehaltene Rede auf dem Flughafen Köln-Bonn.

32 http://pro-nrw.net/unterstuetzen-sie-unseren-antritt/ (23.12.2013).

»In den neunziger Jahren waren alle herkömmlichen rechtsbürgerlichen Parteien an einen toten Punkt gelangt. Es war klar, wir mussten etwas Neues erfinden: Statt einer bundesweiten Partei, haben wir mit pro Köln den entgegengesetzten Ansatz gewählt: den einer kommunalen Bürgerbewegung.«

Darauf fragte der Interviewer: »Pro Köln ist also keine Anti-Moscheebau-Bürgerinitiative, sondern ein rechtes Parteiprojekt, das nur in diesem Gewand daherkommt?« Die Antwort des Interviewten lautete: »So könnte man sagen. [...] Gerade in Großstädten kann man damit punkten! Wir haben die Marktlücke besetzt, und es ist uns der Einbruch in Schichten gelungen, die wir sonst nicht erreicht hätten.«[33]

Größere wahlpolitische Erfolge außerhalb des Bundeslandes Nordrhein-Westfalen konnten die PRO-Parteien jedoch bislang nicht erzielen. Doch trotz fehlender Wahlerfolge gelang es ihr wiederkehrend, die vorherrschende emotionalisierte Auseinandersetzung um Islam und Integration nach Rechtsaußen zu kanalisieren. Deutliches Merkmal hierfür ist eine medienorientierte politische Inszenierungsstrategie, die auf Eskalation und Diskursverschiebung zielt. So gelang es *PRO Deutschland* mit einer bloßen Ankündigung, im September 2012 in Berlin öffentlich ein *muslimfeindliches* Hetzvideo zeigen zu wollen, eine internationale Medienpräsenz zu erzielen.[34]

Die Hetze gegen Muslim_innen wird in diesen Kreisen als »Kampf gegen die politische Korrektheit« dargestellt. Dabei wird der Begriff der Meinungsfreiheit dafür in Anspruch genommen, ausgrenzende und diskriminierende Handlungen zu rechtfertigen. Diese bewusste Konfliktinszenierung funktioniert in Form einer populistischen Eskalationsschraube: Man inszeniert öffentliche Provokationen, um Gegenreaktionen hervorzurufen, aufgrund derer man sich als ›Opfer von Meinungszensur‹ darstellt, um dann die Provokationen auf höherer Konfliktstufe fortzuführen.

---

33 Beisicht, Markus: *»Wir sind die Stimme der Bürger«, Interview. In: Junge Freiheit* (16.09.*2008).*

34 Vgl. http://www.sueddeutsche.de/politik/umstrittener-schmaeh-film-in-deutschland-warum-ein-verbot-des-mohammed-films-schwierig-ist-1.1469840 (20.12.2013).

Auch die NPD als älteste Partei des bundesdeutschen Rechtsextremismus versucht, mit dem Thema Islam zu punkten: In einer programmatischen Stellungnahme der neonazistischen Partei heißt es zum Islam: »Das sichtbarste Zeichen der ungebremsten Überfremdung unseres Landes ist die expansive Ausbreitung des Islam.«[35]

Im Unterschied zu vielen rechtspopulistischen Parteien vertreten neonazistische Parteien wie die NPD offen einen exzessiven Antisemitismus. In ihrer Feindschaft gegenüber dem jüdischen Staat und den Juden und Jüdinnen werden wiederkehrend islamistische Strömungen dann unterstützt, wenn diese sich ebenfalls antisemitisch artikulieren. Ein Beispiel hierfür ist die sogenannte *Holocaustleugnungs-Konferenz* Ende 2006 in Teheran gewesen, die von dem ehemaligen iranischen Staatspräsidenten Mahmud Ahmadinedschad initiiert wurde und an der neben anderen Neonazis auch Funktionäre der NPD teilgenommen hatten. Diese selektiven Sympathien für islamistischen Antisemitismus im internationalen Kontext funktioniert nach dem Motto ›der Feind meines Feindes ist mein Freund‹. Im nationalen Kontext hingegen überwiegt in neonazistischen Kreisen wiederum der rassistische Hass auf ›die Ausländer‹ im Allgemeinen und die Muslim_innen im Besonderen. Zwar spielt das Christentum in der eher neuheidnisch geprägten NPD eine untergeordnete Rolle, doch Initiativen wie etwa der *Arbeitskreis Christen in der NPD* zeigen den Versuch, auch mit dem Thema Religion in antimuslimischer Stoßrichtung punkten zu können.

Im sächsischen Landtag brachte die NPD einen Antrag zur Verfassungsänderung zum »Schutze der deutschen und abendländischen Identität« ein. In seiner Antragsbegründung verdeutlichte der NPD-Landtagsabgeordnete Jürgen Gansel die muslimfeindliche Stoßrichtung seiner Partei:

> »Der NPD-Entwurf zur Verfassungsänderung dient [...] dem Schutz und der Pflege unserer sächsischen, deutschen und auch europäischen Identität, denn wir wollen auch in Zukunft nur das vertraute Glockengeläut der Dresdner Frauenkirche, der Leipziger Nikolaikirche und des Freiberger Doms hören und nicht das Plärren

35 http://www.npd.de/html/3184 (02.12.2013).

eines Muezzins, der seine islamischen Gotteskrieger täglich in die Moschee ruft.«[36]

In Berlin hingegen ist im Jahr 2010 die rechtspopulistische Partei *Die Freiheit* (DF) aus Abtrünnigen von der CDU und Aktivist_innen von *Pax Europa* gegründet worden. Die DF war in ihren Grundzügen geprägt von antimuslimischer und rechtspopulistischer Ausrichtung. Der Vorsitzende der DF, Rene Stadtkewitz, war als CDU-Mitglied in Berlin aktiv in einer lokalen Bürger_inneninitiative gegen die Errichtung einer Moschee. Anlass zur Gründung der Partei war ein Konflikt innerhalb der Berliner CDU um die Einladung Geert Wilders durch Stadtkewitz. Daraufhin trat dieser aus der CDU aus und gründete die DF. Im Grundsatzprogramm heißt es unter der Rubrik »Patriotismus und Identität«: »Ein Volk, welches nicht zu sich selbst steht, ist langfristig dem Untergang geweiht.« Das passende Feindbild wird gleich mitgeliefert: »Jahrzehnte hindurch haben Meinungsmacher und Politiker dabei mitgewirkt, Schuldbewusstsein der Deutschen wach zu halten, was die Identifikation mit ihrer eigenen Nation schwinden ließ.« Zugleich werden in oben beschriebener Manier kulturreligiöse Verklausulierungen bemüht: »Wir sind uns unserer jüdisch-christlichen Wurzeln stets bewusst und wollen Staat und Gesellschaft aus christlich-abendländischem Geist gestalten.« Die Stoßrichtung dabei wird deutlich ausformuliert: »Wir setzen uns mit aller Kraft gegen eine Islamisierung unseres Landes ein.«[37]

Mit Parolen für die »deutsche Leitkultur« und die »Steigerung der Fortpflanzungsquote zum Volkserhalt« bedient die Partei zugleich die argumentative Schnittstelle zur extremen Rechten.[38] Trotz der prominenten Unterstützung durch den niederländischen Rechtspopulisten Wilders blieb der DF der

36 Gansel, Jürgen: *Rede im sächsischen Landtag* v. 15.05.2013, http://www.npd-presse.de/2013/05/15/heimat-statt-islam/ (02.12.2013).

37 *Die Freiheit. Grundsatzprogramm*, http://www.diefreiheit.org/wp-content/uploads/DIE-FREIHEIT-Grundsatzprogramm-Kurzversion-Druck-2011-03-01.pdf (13.02.2012).

38 Boldt, Gregor: *»Die Freiheit« drängt nach NRW*. In: *Der Westen online* (17.01.2011), http://www.derwesten.de/politik/die-freiheit-draengt-nach-nrw-id4178570.html (27.12.2011).

Erfolg versagt: Zu sehr war sie verstrickt in das Netzwerk offen rassistischer Initiativen und Weblogs, um für breitere bürgerliche Wähler_innenschichten ansprechend zu wirken. Vor allem fehlte es der Partei an vorzeigbarem politischem Personal. Als »beachtlich« wertete Rene Stadtkewitz in einem Schreiben an die Mitglieder das 4,7-Prozent-Bundestagswahlergebnis der im Jahr 2013 neugegründeten *Alternative für Deutschland* (AfD). Mit der AfD habe es »erstmals eine bürgerlich-liberale Partei geschafft, sich eine realistische Chance zu erarbeiten, bereits im kommenden Jahr in zahlreichen Parlamenten vertreten zu sein«. Völlig richtig sei die Entscheidung der DF gewesen, auf einen eigenen Antritt zur Bundestagswahl zu verzichten, erklärte Stadtkewitz. Für das Scheitern der AfD an der Fünf-Prozent-Hürde macht er offenbar andere rechte Kleinparteien verantwortlich, die anders als DF nicht auf eine Kandidatur verzichteten: »Es wäre gut gewesen, wenn auch andere Parteien, die nun im 0,2 Prozent-Bereich gelandet sind, so entschieden hätten, denn dann wäre die AfD bereits heute mit einer eigenen Fraktion im Deutschen Bundestag vertreten.« Laut Stadtkewitz zeige ein Vergleich beider Programme eine Deckungsgleichheit »zu min. 90%«: »In diesem Sinne sehen wir vieles von dem was wir wollten, von der AfD aufgegriffen und fortgesetzt.« Die Chance, die sich mit der AfD biete, gelte es nun zu nutzen und die AfD nach Kräften zu unterstützen, schrieb Stadtkewitz. DF habe sich entschlossen, »ihre bundes- und landespolitischen Vorhaben einzustellen und sich stattdessen ausschließlich auf die Fortsetzung der begonnenen kommunalpolitischen Aktivitäten, besonders in München, zu beschränken«. Das bedeutet auch einen Verzicht auf die Teilnahme an der Europawahl. Der DF-Vorsitzende appellierte zugleich »an alle Kleinparteien, die eine ebenso große Übereinstimmung ihrer Ziele mit denen der AfD entdecken, es uns gleich zu tun«. Jede unnötige Konkurrenz spiele denen in die Hände, »die Deutschland am liebsten abschaffen wollen«.[39] Mit diesem Ausspruch verweist Stadtkewitz auf den Titel des erfolgreichsten ›Sachbuchs‹ in Deutschland aus der Feder von Thilo

39 http://www.pi-news.net/2013/09/die-freiheit-stellt-bundes-und-landespolitische-vorhaben-zugunsten-der-afd-ein/ (20.06.2014).

Sarrazin (s. hierzu die Ausführungen von Iman Attia in diesem Band). Die DF warb mit dem Slogan, sie sei »Die Partei zum Buch« von Sarrazin. Nach dieser Ankündigung von Stadtkewitz ist die DF praktisch ohne wahlpolitische Bedeutung. Lediglich in München sind unter der Führung des DF-Aktivisten Michael Stürzenberger noch antimuslimische politische Aktivitäten erkennbar. Ihr geringes Abschneiden mit 0,5 Prozent bei den Kommunalwahlen 2014 zeigt jedoch, dass die von den Partei-Aktivist_innen massiv auf den Straßen von München betriebene Kampagne gegen einen dort geplanten Moscheebau sich nicht automatisch in Wähler_innenstimmen umsetzen ließ.

Mit der im Jahr 2013 gegründeten *Alternative für Deutschland* (AfD) ist im Jahr 2014 mit sieben Prozent eine neue Partei in das Europaparlament eingezogen, über deren politische Verortung im Rechtspopulismus kontrovers diskutiert wird. Erste Studien ordnen der Partei sowohl wirtschaftsliberale wie zugleich nationalkonservative und rechtspopulistische Politikansätze zu.[40] Die AfD ist im EU-Parlament ein Bündnis mit der nationalkonservativen Fraktion der *Europäischen Konservativen und Reformisten* (ECR) unter Führung der britischen Konservativen eingegangen, der auch die *Wahren Finnen* und die *Dänische Volkspartei* (DF) aus dem Lager des europäischen Rechtspopulismus angehören. Ob sich die AfD als neue Kraft im deutschen Parteiensystem längerfristig verankern kann und ob sie sich programmatisch mehr als bislang im politischen Feld der antimuslimischen rechten

40 Vgl. Bebnowski, David/Förster, Lisa Julika: *Wettbewerbspopulismus. Die Alternative für Deutschland und die Rolle der Ökonomen*, 2014, Kurzfassung, http://www.otto-brenner-stiftung.de/.../2014_03_31_AfD_Papier.pdf (20.07.2014); Kemper, Andreas: *Rechte Euro-Rebellion. Alternative für Deutschland und Zivile Koalition e.V.*, Münster 2013; Korsch, Felix: *Nationalkonservativ und marktradikal. Eine politische Einordnung der »Alternative für Deutschland«*, hrsg. von der Rosa Luxemburg Stiftung, 2014, http://www.rosalux.de/fileadmin/rls.../Analysen_National-konservativ.pdf; Häusler, Alexander u.a.: *Die »Alternative für Deutschland« – eine neue rechtspopulistische Partei? Materialien und Hintergründe zur vertiefenden Auseinandersetzung*, hrsg. von der Heinrich-Böll-Stiftung NRW, 2013, http://www.boell.de/de/2013/10/10/studie-zur-afd-rechtspopulistische-tendenzen, (20.06.2014).

Parteien eingliedern wird, hängt von ihrer weiteren politischen Positionierung ab. In einem ersten »Thesenpapier zum Islam« erklärte AfD-Parteisprecher Bernd Lucke, dass der Satz »Der Islam gehört zu Deutschland« seiner Ansicht nach »töricht und falsch« sei, falls er »als eine implizite Bejahung des Islams in Deutschland gemeint«[41] sei. Im sächsischen Landesverband der AfD wurde im Vorfeld der Landtagswahlen 2014 ein Wahlprogramm erstellt, das als Annäherung an antimuslimische Agitationsformen gedeutet werden kann. Mit der Aufnahme der Forderung nach Volksabstimmungen über den Bau von Moscheen mit Minaretten in Sachsen hat zudem zum ersten Mal in der Entwicklung der AfD das Thema *Moscheebau* Eingang gefunden in den offiziellen Forderungskatalog der Partei.[42] Dies ist vor allem vor dem Hintergrund von Bedeutung, dass bislang diese Forderung nur von rechtspopulistischen Parteien wie der DF, den *Republikanern* und von *PRO NRW/Deutschland* erhoben worden ist und sich die AfD-Spitze bislang um Abgrenzung von einem solchen Kurs bemüht hatte. Daher steht zu befürchten, dass mit der weiteren Entwicklung in Sachsen auch die AfD dazu übergehen könnte, mit antimuslimischen Forderungen in Erscheinung zu treten.

Neben antimuslimischen Parteiaktivitäten versuchen rechte Aktivist_innen auch, über Vereine öffentliche Wirkung zu entfalten. In der 2008 gegründeten *Bürgerbewegung Pax Europa* e.V. (BPE) bündeln sich solche Aktivitäten. Die BPE ist aus der Fusion der Vereine *Bundesverband der Bürgerbewegungen zur Bewahrung von Demokratie, Heimat und Menschenrechten e.V.* (BdB) und *Pax Europa e.V.* hervorgegangen. Der BdB war bis 2008 offen islamfeindlich und propagierte auf seiner Website entsprechende Verschwörungstheorien über die angebliche arabisch-muslimische Unterwanderung Europas. Knapp ein Jahr vor der Fusion mit *Pax Europa* veranstaltete der BDB ein sogenanntes *Deutsches Islamkritikertreffen* in Wertheim/Main, dessen Teil-

41 http://www.pi-news.net/2013/11/10-thesen-von-afd-chef-bernd-lucke-zum-islam/ (20.6.2014).

42 http://afdsachsen.de/index.php?ct=wahlprogramm (20.06.2014).

nehmer_innen den *Wertheimer Appell* verabschiedeten. Darin lautet es u.a.:

> »Der schleichenden Islamisierung der Bundesrepublik Deutschland wird von Seiten der politisch Verantwortlichen kein Widerstand entgegengesetzt, ja, sie wird sogar noch gefördert. Statt der Identitätswahrung der Mehrheit unbedingten Vorrang einzuräumen, fließen Scharia-Elemente in die deutsche Rechtsordnung ein.«[43]

Die BPE wurde im hessischen Wetzlar gegründet und definiert sich als außerparlamentarische Plattform gegen die »schleichende Islamisierung« Deutschlands und Europas. Laut ihrer Satzung ist es das Ziel, »über die Ausbreitung des Islam[s] in Europa und die damit verbundenen Folgen für das Staatswesen [zu] unterrichten«. Muslime werden pauschal negativ dargestellt:

> »In fast allen deutschen Großstädten sind heute *Parallelgesellschaften muslimischer Zuwanderer* und deren Nachkommen entstanden, die ihre teils rückständigen Traditionen pflegen und selbst in dritter und vierter Generation an Gesellschaftsvorstellungen festhalten, die mit unseren Werten und Rechtsnormen vielfach nicht vereinbar sind.«[44]

Einer der Protagonist_innen von *Pax Europa* war der Journalist Udo Ulfkotte, der die BPE Ende 2008 laut eigenem Bekunden wegen ihres »zunehmend extremistischen Kurses« verlassen hatte.[45] Hintergrund waren Postkartenmotive der BPE, die Muslim_innen als Schweine, Pädophile und Terrorist_innen abbildeten. Ulfkotte hatte auf einer Mitgliederversammlung eine klare Verurteilung dieser »rassistischen und womöglich volksverhetzenden Bilder im Stürmer-Stil« verlangt, die Muslim_innen unnötig provozierten und das Anliegen einer sachlichen Islamkritik diskreditierten. Die geforderte Distanzierung blieb jedoch aus.[46] Die BPE inszeniert sich im öffentlichen Raum in

43 http://bpeinfo.wordpress.com/wertheimer-appell/ (20.06.2014).
44 http://www.bpe-berlin.de/index.php?option=com_content&view=article&id=98&Itemid=27 (20.06.2014).
45 http://www.welt.de/welt_print/article2813789/Stuermer-Stil-Publizist-Ulfkotte-verlaesst-islamkritische-Bewegung.html (20.06.2014).
46 vgl. ebd.

Form von Demonstrationen und Diskussionsveranstaltungen als angebliche Verteidigerin von Freiheit, Demokratie und Menschenrechten sowie der »jüdisch-christlichen Tradition« und der »europäischen Kultur« gegenüber »dem Islam«. Sogar der historische Widerstand gegen den Nationalsozialismus wird dafür in Anspruch genommen: So nahm die BPE die frühere Mitwirkende in der Widerstandsbewegung *Weiße Rose*, Susanne Zeller-Hirzel, als Mitglied auf. Zeller-Hirzel, die Ende des Jahres 2012 verstarb, war vor ihrer BPE-Mitgliedschaft auch bei den *Republikanern* Mitglied. Kurz vor ihrem Tod bekundete Michael Stürzenberger, bayerischer Landesvorsitzender der BPE und späterer Bundesvorsitzender der DF, die Widerstandsbewegung *Weiße Rose* mit ihrem Einverständnis neu gegründet zu haben. In einem Interview erläuterte Stürzenberger die Gründe jener angekündigten Neugründung:

> »Nachdem Deutschland immer mehr nach links rückt und durch die Islamisierung schon wieder von einer gefährlichen totalitären Ideologie bedroht wird, ist Widerstand auf vielen Ebenen dringend nötig. Die Weiße Rose wird ihren Teil zu dieser Bewegung beitragen.«[47]

Dabei dient diese Inanspruchnahme antifaschistischer Widerstandstraditionen der Inszenierung eines rechtspopulistischen Kulturkampfes, der gegen die als Muslim_innen Markierten sowie gegen die antifaschistische Linke gerichtet wird. Auch in den Veröffentlichungen der BPE[48] wird der Islam als durchweg totalitäre Ideologie, als reaktionär und rückschrittlich dargestellt. Muslim_innen werden durch eine Aneinanderreihung von Negativbeispielen beschrieben. So entsteht ein unrealistisches und diskriminierendes Bild einer Gruppe von Menschen. Anknüpfungspunkte für antimuslimische Kampagnen bieten Aktionen gegen Moscheebauprojekte. Von der BPE werden *Handreichungen für Moscheebau-Verhinderer* verbreitet. Darin wird u.a. empfohlen: »der Konflikt muss in den nächsten Wahlkampf verschleppt werden (durch Bürgerbegehren, Normenkontrollklagen usw.),

47 http://www.youtube.com/watch?v=5wpyiyzQOjU (20.06.2014).
48 Beispielsweise die BPE-Zeitschrift Bürger Forum, URL: http://www.buergerbewegung-pax-europa.de/buergerforum/index.php (20.06.2014).

da die meist konfliktscheue Politik nur dann bereit ist, sich den Bürgerwillen an die eigene Fahne zu heften«.[49]

Mit der *Identitären Bewegung Deutschland* (IBD) wiederum versucht eine Strömung aus dem neurechten Lager auf der Ebene einer sozialen Bewegung, junge Leute mit antimuslimischen wie zugleich nationalistischen Kampagnen anzusprechen. Die IBD ist das deutsche Gegenstück zum französischen rechtsextremen *Bloc identitaire*.[50] »Uns Identitären geht es um den Erhalt unserer ethnokulturellen Identität, die heute durch den demographischen Kollaps, die Massenzuwanderung und die Islamisierung bedroht ist«, heißt es auf der Website der IBD.[51] Verbale Aufrüstungen sind in einem *Manifest* zu lesen, das von der IBD verbreitet wird: »Täuscht euch nicht: Dieser Text ist kein einfaches Manifest: es ist eine Kriegserklärung«, lautet es dort.[52] Eine solche Drohkulisse wird auch von der *German Defence League* (GDL) aufgebaut, die nach dem Vorbild der muslimfeindlichen rechtsextremen *English Defence League* gegründet worden ist: »Maximalen Widerstand« versprechen deren Aktivist_innen in ihrer Selbstdarstellung im Internet.[53] In einem von der GDL verbreiteten Videoclip zum Lied mit dem Titel *Widerstand* von der Rechtsrockband *Abendland* werden Bilder europäischer muslimfeindlicher Vereinigungen gezeigt und dazu gesungen: »Noch ist Europa nicht verlor'n, es lebt durch seiner Völker Zorn.«[54] Deren Inhalte sowie deren Endzeitprophezeiungen werden von vielen muslimfeindlichen Aktivist_innen in Deutschland geteilt. 2011 veröffentlichte der rechte *Antaios Verlag* unter dem Titel *Europa verteidigen*[55] Texte des norwegischen Bloggers *Fjordman*,

49 http://bpeinfo.wordpress.com/moschee-nein-danke/ (01.12.2013).

50 Vgl. http://www.biknetz.de/glossar/glossary-detail/identitaere-bewegung-deutschland-ibd.html (02.12.2013).

51 http://identitaere-bewegung.de/unser-ziel/ (02.12.2013).

52 Identitäre Generation – die Kriegserklärung, http://www.youtube.com/watch?v=dkV7ZzaKM80 (20.12.2013).

53 http://www.german-defence-league.com/ (01.12.2013).

54 Gruppe »Abendland«: Widerstand, http://www.youtube.com/watch?v=jlu-74rGDRI (27.12. 2013).

55 Lichtnetz, Martin/Kleine-Hartlage, Manfred (Hrsg.): *Fjordman. Europa verteidigen. Zehn Texte*, Schnellroda 2011.

dessen Textpassagen sich seitenweise in dem *Manifest* des norwegischen Massenmörders Anders Behring Breivik widerspiegeln. Breivik rechtfertigte seine Morde damit, dass die Linke durch ihre internationalistische Haltung verantwortlich sei für die »Islamisierung Norwegens«. Sein über 1.500 Seiten langes Rechtfertigungstraktat bestand größtenteils aus Kopien der Texte rechtspopulistischer Weblogs.[56]

In rechten Kreisen erscheint das aggressive Vorgehen gegenüber den als Muslim_innen Markierten geradezu als ›Notwendigkeit‹, um sich des angeblich drohenden Untergangs überhaupt noch erwehren zu können. So wurde etwa im Jahr 2011 im Internet in einem *Michael Mannheimer Blog* ein *Aufruf zum allgemeinen Widerstand* veröffentlicht. Darin lautet es:

> »Nachdem nun auch die Kirche den schlimmstmöglichen Feind umarmt, der für Freiheit, Gleichheit und Brüderlichkeit aller Menschen vorstellbar ist: den Islam, ist jetzt die letzte Bastion im Widerstand gegen den menschenfeindlichen Faschismus Islam gefallen.«

Als Widerstandsmaßnahme wird u.a. gefordert: »Greift zu den Waffen, wenn es keine anderen Mittel gibt! Für uns, für unsere Kinder, für unsere Geschichte!«[57]

Die hier beschriebenen Beispiele zeigen die breite Palette rechter Muslimfeindlichkeit auf, die von rassistisch motivierten Gewalttaten über eine sich selbst als islamkritisch bezeichnende muslimfeindliche Hetze bis in die politische Programmatik rechter Parteien hineinreicht. Mit dem Schreckgespenst von einer »Islamisierung Europas« findet der antimuslimische Rassismus der extremen Rechten zugleich seine Anschlussfähigkeit an den politischen Mainstream. Das entschiedene Eintreten gegenüber rassistisch motivierten Anfeindungen von als Muslim_innen Markierten sollte daher nicht bloß als Teil politischer Praxis an-

---

56 Vgl. Häusler, Alexander/Virchow, Fabian: *Breiviks profane Analysen*. In: *Zeit online* v. 26.07.2011, http://www.zeit.de/gesellschaft/zeitgeschehen/2011-07/norwegen-manifest-breivik (27.12.2011).

57 http://michael-mannheimer.info/2011/04/09/mein-aufruf-zum-widerstand-gegen-das-politische-establishment-gemas-art-20-abs-4-gg/ (22.12.2013).

tifaschistischer Bewegungen verstanden werden, sondern ebenso als Aufgabe, um dem rassistischen ›Normalzustand‹ entgegenzutreten.

Die Autor_innen

Iman Attia ist Professorin für Diversity Studies mit dem Schwerpunkt Rassismus und Migration an der Alice Salomon Hochschule Berlin; Interessen: Orientalismus und antimuslimischer Kulturrassismus, Postkolonialismus und Post-nationalsozialismus, Cultural Studies; letzte Buchpublikation: Die westliche Kultur und ihr Anderes. Zur Dekonstruktion von Orientalismus und antimuslimischem Rassismus (Bielefeld: transcript, 2009)

Alexander Häusler, Sozialwissenschaftler, ist wissenschaftlicher Mitarbeiter des Forschungsschwerpunktes Rechtsextremismus/Neonazismus (FORENA) der FH Düsseldorf.

Yasemin Shooman leitet die Programme Migration und Diversität an der Akademie des Jüdischen Museums Berlin. Sie hat am Zentrum für Antisemitismusforschung der Technischen Universität Berlin promoviert. Zu ihren Forschungsschwerpunkten gehören die Themen Rassismus, Islamfeindlichkeit, Migration und Medienanalyse.

Iman Attia (Hg.)

Orient- und IslamBilder

Interdisziplinäre Beiträge zu Orientalismus und antimuslimischem Rassismus

308 Seiten | 19,80 Euro

ISBN 978-3-89771-466-3

»... leistet ... einen vielseitigen, beeindruckenden und sehr bedeutsamen Beitrag.«

Ralf Burnicki | gwr

Martina Tißberger

Dark Continents und das UnBehagen in der weißen Kultur

Rassismus, Gender und Psychoanalyse aus einer Critical-Whiteness-Perspektive

376 Seiten | 22 Euro

ISBN 978-3-89771-540-0

»Eine wichtige, kluge und gut lesbare Studie, die das ›weiße‹ Selbstverständnis und dessen rassistische Matrix zu erschüttern sucht«

Andrea Kremser | WeiberDiwan

Andreas Kemper

Sarrazins Correctness

Ideologie und Tradition der Menschen- und Bevölkerungskorrekturen

178 Seiten | 13 Euro

ISBN 978-3-89771-561-5

»... eindringlich und gut recherchiert ...«

Alexander Struwe | pw-portal

UNRAST Verlag • Postfach 8020 • 48043 Münster
www.unrast-verlag.de • E-Mail: info@unrast-verlag.de

UNRAST